I0669707

Gustav Mann

Die Sprache Froissarts auf Grund seiner Gedichte

Gustav Mann

Die Sprache Froissarts auf Grund seiner Gedichte

ISBN/EAN: 9783743657144

Hergestellt in Europa, USA, Kanada, Australien, Japan

Cover: Foto ©Thomas Meinert / pixelio.de

Weitere Bücher finden Sie auf **www.hansebooks.com**

ACHE FROISSARTS

F GRUND SEINER GEDICHTE.

INAUGURAL-DISSERTATION

ZUR

ERLANGUNG DER DOCTORWÜRDE

DER

HOHEN PHILOSOPHISCHEN FACULTÄT.

EREINIGTEN FRIEDRICHS-UNIVERSITÄT

HALLE-WITTENBERG

VORGELEGT

VON

GUSTAV MANN

AUS FINKENHEERD IN BRANDENBURG.

HALLE A. S.

MAX NIEMEYER.

1898.

Meinem Vater

in

Dankbarkeit.

Der Abhandlung liegt die Ausgabe der poetischen Werke Froissarts von A. Scheler zu Grunde: *Poésies de Froissart*, Bruxelles 1870—72, 3 Bde. Der *Méliador* (Ausgabe der Société des anciens textes français, Bd. I und II) konnte erst einige Zeit nach Abschlufs der Arbeit herangezogen werden, doch sind trotz genauer Untersuchung besondere Abweichungen von dem in den *Poésies* beobachteten Sprachgebrauche nicht zu erwähnen; nur *aus* (ecce illos) neben *eulz* und *eaus* (§ 36 Schlufs), *mariër* neben *oubliier* (§ 20, II.) und mehrere Formen der 3. starken Konjugation auf *-eut -eurent* (§ 10, II) sind bemerkenswert.

Bei der Behandlung der Vokale schlofs ich mich an die *Altfranzösische Grammatik* von Hermann Suchier (Halle 1893) an und bei den dialektischen Untersuchungen an: *Aucassin et Nicolete*, herausgegeben gleichfalls von Hermann Suchier (Paderborn 3. Aufl. 1889). Aufserdem wurde noch auf folgende Werke Bezug genommen:

Reimpredigt hrsggb. v. H. Suchier. Halle 1879.

Ueber lateinisches c *vor* e *und* i *im Pikardischen* von O. Siemt. Diss. Halle 1881.

Metrik Froissart's von F. Blume. Diss. Greifswald 1889.

Li dis dou vrai aniel hrsggb. v. A. Tobler, 2. Aufl. Leipzig 1884.

I. Zur Lautlehre.

Ergebnisse aus der Untersuchung der Reime.

Vokale.

1. Einfache Vokale.

§ 1. *u.*

Ueber *fu* focum und *ju* jocum siehe § 21 bzw. § 22.

§ 2. o^1.

Gedecktes o^1 wird in der Schrift immer durch *ou* bezeichnet.

I. Die Bindung $o^1 : ou$ aus unbetontem o^2 liegt vor in: 267, 1650 *kenoulle : il moulle.*

II. $o^1 : o^2$ zeigen:

1) 148, 2073 *il console : folle : la rolle*, man vergleiche hierzu: II 21, 698 *il console : il soole* und II 243, 261 *les rolles : parolles.*

1

2) 342, 3853 *sor* (super) : *tresor*; M. 192, 6715 *Agamanor* : *sor*. Oder sollte beide Male o^2 : o^2 anzusetzen sein, da auch im Reime *console* : *soole* die Schreibung *o* statt des gewöhnlichen *ou* beibehalten wird? Dann müfste auch *soole* offenes *o* haben, das in der That mit o^2 zu belegen ist, und ebenso *Agamanor*. Sonst ist o^1 von o^2 streng geschieden. Ueber freies o^1 im Verhältnis zu *eu* vgl. § 9.

§ 3. o^2.

I. *mot* (muttum) findet sich nur mit o^2 im Reime, vgl. : *bos* 138, 1770. II 319, 8; : *repos* 205, 4018. II 203, 309; II 195, 24 : *rosegnols* II 207, 411; : *ot* (audit) II 66, 2240; : *parclos* II 146, 4905; : *cops* II 249, 89; : *ot* (habuit) III 64, 374. III 187, 1621. III 208, 1314. III 272, 2949; : *los* III 89, 12.

II. Die Endung *-orie* in Gleitworten wird wie im Artesischen und französisch Flandrischen zu *-ore* oder auch zu *-oire*.

-ore: II 260, 116 *encore* : *memore* : *il devore* : *ore* : *victore* : *glore*; II 403, N. 24 *encore* : *memore* : *glore*; III 116, 2 *tempore* : *encore* : *ystoire* : *victoire* : *memoire* : *il restore*; M. 2, 25 *ores* : *hystores*; M. II 363, 21678 *encores* : *memōres*.

-oire: III 251, 2 *hystore* : *memoire* : *notoire* : *poire* : *j'espoire* : *victoire* : *voire* : *flatoire* : *ivoire*.

Unsicher ist *gloire* : *cloire* II 12, 387. II 25, 825, wo wir *glore* : *clore* erwarten sollten, das sich 289, 2310. II 191, 1017 findet. Vgl. M. II 323, 20322 *reclore* : *hystore*.

§ 4. *a*.

I. *ai* für *a* hat *pestre* pastor (: *mestre*) 230, 651, was wohl aus dem Einflufs des Infinitivs zu erklären ist.

II. In der Endung *-age* wurde statt des *a* ein *ai* gesprochen; dies ergiebt sich aus den Reimen zu *ai* und zu ursprünglichem e^2. Ueber das letztere siehe § 18. 4, 86 *rendage* : *sçai je*; II 261, 164 *sçai je* : *avantage* : *fai je* : *corage*; III 68, 505 *temoingnage* : *ay je*; M. 234, 8155 *ai je* : *corage*. Ferner 184, 3298 *vöiaige* : *ai je*; III 31, 1021 *saige* : *sai ge*; III 122, 828 *couraige* : *ai je* III 125, 921, oder mit umgekehrter Schreibweise: 110, 6 *sage* : *sauverai je* : *courage* : *à je* : *sage*; 276, 1944 *sa je* : *sage* 294, 2478. III 218, 6; III 238, 6 *sage* : *sa ge* : *orage* : *ara ge*.

§ 5. e^1.

I. Den Uebergang von e^1 in das aus dem Hennegau bekannte *ie*, das sonst nur mit sich selbst reimt, zeigt *hivier*; doch findet sich daneben auch *hivers*: 359, 384 *entier* : *yver* : *dangier*; II 146, 4919 *yvier* : *chier* : *entier* II 212, 97; II 220, 9 *ouvrier* : *ivier*; II 242, 247 *rosier* : *yvier*; II 253, 221 *ivier* : *couchier* : *entier*; II 307, 31 *prisier* : *yvier*. Dagegen: 70, 613 *yvers* : *divers* 96, 310. III 29, 952; 147, 2059 *yvers* : *ners*.

Auch *tierre* findet sich einmal in *Engletiere* : *chiere* : *entiere* II 288, 128, ebenso mag es wohl *ciercle* für *cercle* lauten in *siecle* : *cercle* II 5, 131.

II. Für -érie in Gleitworten ist -ere eingetreten: 66, 443 *matere* : *il considere* 69, 573; 313, 3138 *mystere* : *frere* : *matere*; II 227, 261 *matere* : *pere*; M. 177, 6212 *matere* : *je persevere* M. 30, 998. M. 34, 1124. M. 42, 1404. M. 46, 1552. M. 47, 1578; M. 97, 3308 *mere* : *matere*; M. II 335, 20726 *amere* : *matere*; II 347, 24 *singulere* : *matere* : *mystere* : *fere* (feriae) : *misere* : *amere* : *monastere*; III 214, 15 *amere* : *misere*; III 41, 1391 *mistere* : *Pere*.

Abweichende Bildungen zeigen *matire*, das zweimal auftritt, und *mestire*: 84, 1077 *matire* : *il tire*; 316, 3213 *matire* : *martire*; 134, 1631 *mestire* : *souffire*; II 177, 521 *tu tires* : *mestires*; II 269, 211 *martire* : *mestire*.

Für *matieres* : *entieres* III 42, 1404 kann auch *matires* : *entires* eingesetzt werden.

§ 6. *e²*.

I. *e²* ist zu *e¹* geworden, das beweisen die sehr zahlreichen Reime von *e²* : *e¹* und *e²* : *ai*.

e² : *e¹*: 16, 507 *il perce* : *il cerche*; 112, 889 *estre* : *lettre* 115, 965; 195, 3656 *vert* : *il sert*; II 251, 163 *durés* : *grassés* : *aprés*; II 288, 116 *esse* : *j'adrece*; 102, 535 *deesse* : *esse*; II 119, 4014 *Jonesse* : *esse* III 19, 623; I, 13 *terme* : *ferme* II 64, 2188. III 30, 983. III 135, 1253; 48, 1595 *elle* : *nouvelle* II 271, 59. 157, 2397. 163, 2560. II 286, 45. III 134, 1233. 198, 3782. 269, 1708. III 14, 425. 231, 693; *celles* : *belles* 156, 2341. 17, 537. 176, 3025. II 271, 53. 166, 2673. 228, 591. 292, 2390. 306, 2878. II 19, 640. II 56, 1904. II 62, 2112. II 178, 573. II 205, 363; *ceste* : *feste* II 165, 113.

e² : *ai*: 36, 1189 *fait* : *met* : *net*; 191, 3540. II 73, 2493. III 157, 1; 268, 1688. II 149, 5004. II 180, 617. II 184, 781; *nes* : *fais* 356, 302; *mestre* : *mettre* 285, 2202; *lettres* : *maistres* 342, 3862; *neje* : *ai je* 272, 1802; *faite* : *debte* : *sajette* : *soufrette* 154, 2278. II 227, 237; *mes* (Meth) : *mais* 222, 383; *regrés* : *je tais* 234, 717. 352, 128; *soubjés* : *meffais* 234, 730. II 252, 184; — -*et*. *rondelet* : *ait* 27, 880. 70, 595. II 103, 3480. II 142, 4781. II 195, 34. II 218, 71; *signet* : *fait* M. 65, 2198; — -*ette*. *faite* : *sajette* : *soufrette* 154, 2278. 255, 1248. II 195, 37. II 235, 5. II 240, 167. II 245, 327.

II. Formen mit *e²* oder *i* haben *exilium* und *frisk* entwickelt: *esseil* : *je conseil* 148, 2095; *esseil* : *conseil* II 372, 5; dagegen *exil* : *peril* III 32, 1055. Ueber das zugehörige Verbum siehe § 74.

Von *frisk* lauten die Formen: *friche* (msc. u. fem.), *fres* (m.), *fresche* (fem.).

: *riche* II 27, 890. II 141, 4765; (fem.) II 15, 495. II 124, 4172.

: *fres* Kosten 302, 2752; : *pres* av. II 373, 11.

: *il adrece* : *tristece* 353, 164.

Auch für *celle* aus icce illam scheint 277, 1986. M. 55, 1858. M. II 122, 13495 eine Form mit *i*: *cille* : *fille* eingetreten zu sein.

III. Es sei noch erwähnt, dafs auch für *e²l'* den Reimen nach *e¹l* gesetzt werden kann. Wegen *l* für *l'* vgl. § 49. 156, 2339 *despareilles* : *merveilles* : *celles* : *belles* : *masselles* : *vermeilles* : *conseilles* : *traveilles*; — II 372, 18 *j'esseil* : *frefeil* : *oeil* : *cel*.

1*

§ 7. e^3.

I. Die Endungen $-e^3le$, $-e^3l$, $-e^3re$ und in einem Beispiele auch $-e^3r$ reimen mit $-e^1lle$, $-e^1l$, $-e^1re$ und $-e^1r$. Also besonders vor l und auch vor r hat e^3 eine offne Aussprache angenommen: 65, 435 *teles* : *beles* 160, 2493; 241, 829 *quele* : *apele*; II 126, 4274 *queles* : *elles* (§ 6); *loielle* : *belle* : *demoiselle* 361, 456. III 180, 14. 60, 229. II 199, 166; *celle* : *nouvelle* : *elle* : *belle* : *loyelle* : *je cele* II 271, 54. II 283, 227. II 286, 73. II 408 N. 43. III 15, 469; — *loyel* : *royel* : *bel* II 318, 52; *royel* : *demoisel* II 341, 58; *ruissel* : *leel* III 73, 679; — *pere* : *matere* M. 30, 998. M. 34, 1124. M. 42, 1404. M. 46, 1552. M. 47, 1578; *mere* : *matere* M. 97, 3308; *amere* : *matere* M. II 335, 20726; *mystere* : *frere* : *je considere* : *pere* : *matere* : *clere* 313, 3138; *il pere* : *il despere* : *vitupere* : *amere* : *misere* : *compere* : *vipere* III 213, 5; *singulere* : *matere* : *je considere* ... : *mystere* : *fere* (feriae) : *pere* ... : *misere* : *il persevere* : *amere* ... : *il differe* : *monastere* II 347, 24 38 52 72; II 227, 261. 81, 971. II 238, 101. III 231, 19. II 48, 1612; — *fer* : *escaufer* 57, 139. II 19, 610.

II. Neben $-e^3l$ begegnet überwiegend $-al$, doch wird die Aussprache nur in wenigen Fällen durch den Reim gesichert: *mal* : *general* : *especial* : *official* : *aval* : *cheval* : *principal* : *royal* 142, 1876; M. 164, 5730 *mal* : *cheval* M. II, 264 18319; *cheval* : *especial* M. II 274, 18668; III 53, 39 *aval* : *royal*; — II 312, 56 *royaus* : *beaus*; II 179, 587 *biaus* : *loyaus*; II 344, 29 *preäus* : *royaus*. Wegen *feal* vgl. § 17.

III. In den drei Fällen, in denen *ert* lat. erat im Reime steht, ist es mit e^1 gebunden: *souffert* : *il ert* 280, 2048; *ert* : *il sert* 361, 448. M. II 239, 17464. *ere* erat begegnet nur einmal in der Bindung mit e^1 und e^3: *ere* : *amere* : *misere* III 214, 14. Demnach ist nicht nur bei *ert*, wie sehr häufig, sondern auch bei *ere* schon offenes e anzusetzen.

§ 8. i.

Wegen $e^1 + i$ vergl. § 24.

2. Diphthonge auf u.

§ 9. o^1u.

I. Das ältere o^1u ist zu *eu* geworden: *leu leuve deus*; Formen mit o^1u sind nicht zu belegen: *jeu* : *leu* 93, 203; *leuve* : *neuve* : *reuve* III 111, 22; *deus* : *feus* : *amoureus* 155, 2323; *uiseus* : *Yseus* : *deus* 168, 2757; *euls* : *deus* II 368, 5. III 29, 957. III 203, 2160; *deux* : *deulx* III 40, 1327. III 136, 1305. III 262, 2611. Die Vermischung von e^3u mit e^2u zeigt zugleich: *amoureus* : *deus* : *teus* : *eus* 283, 2142.

II. Für jüngeres o^1u findet sich sowohl o^1, geschrieben *ou*, als auch *eu*.

1) Belege nur für *eu* bieten: *neus preus veus je veue*: *Yseus* : *preus* 30, 981; *eus* : *seus* : *preus* 283, 2148; *neus* : *ceuls* II 383, 9; *seuls* : *neus* : *Yseus* : *preus* 168, 2756; *euls* : *neus* : *preus* II 393, 5; *veus* : *euls* II 368, 14; *veu* : *peu* M. II 136, 13986; *preu* : *peu* M. II 143,

14221; *je veue : bleue* III 15, 463; — conucula hat o^1 und *eu: kenoulle : il moulle* 267, 1650; *esleule : keneule* II 222, 83; — aliorsum hat o^1: *lours : aillours* 100, 446; *secours : aillours* II 344, 25.

2) Vor auslautendem *r* wechselt o^1 mit *eu*.

a) Die Abstrakta haben meist $-o^1r$, denn sie werden aufserordentlich häufig gebunden mit *amour jour sejour lour atour pour cours court cour estour*, viel seltener mit *cuer suer leur*. Dasselbe gilt von *flour*. *amour : jour : atour : onnour : valour : doucour : plour : dolour : ardour : grignour : estour : lour* 37, 1240. 5, 123. 143, 1926. 173, 2918. 178, 3088. 204, 3989. 284, 2162. 353, 168. II 45, 1516. II 77, 2625. II 106, 3572. II 129, 4376. II 161, 2525. II 196, 75. II 198, 138. II 214, 145. II 255, 311. II 277, 30. II 285, 24. II 298, 4. III 5, 134. III 54, 71. III 65, 436. III 73, 689. III 81, 6. III 84, 7. III 59, 223. III 218, 16; 9, 261. 14, 457. 60, 235. 88, 53. 90, 121. 136, 5. 161, 2498. II 52, 1776. II 197, 111. II 203, 283. II 237, 51. II 244, 287. II 271, 62; — *cuer : douleur : onneur : valeur : fleur : liqueur : pleur : doulceur* III 89, 6; *seur : honneur* III 265, 2713; *leur : erreur : faveur : cuer* III 248, 6; : *leur* II 122, 4118. II 374, 17; : *cuer (cueur)* III 11, 329. III 13, 391. III 33, 1089. III 37, 1223 u. III 169, 1. III 44, 1471 u. III 29, 969. III 114, 12. III 152, 6. III 170, 1. III 194, 1853. III 220, 17. III 248, 6.

b) Bei den Personalbezeichnungen dagegen überwiegt *-eur*. Gesichert sind folgende Formen: für $-o^1r$: *trahitour : jour* 5, 125; *seignour : jour* 12, 373. 30, 1003. II 158, 5331; *signour : retour* M. II 188, 15773; *senatours : atours* III 218, 26; *pastours : lours* II 344, 52; — für *-eur*: *signeur : leur* II 12, 399; *cueur : seigneur* III 22, 723. III 28, 909. III 38, 1262. III 220, 17.

c) Für -atorem ist regelmäfsig entweder das zweisilbige $-eo^1r$ ($-eour$) oder das einsilbige *-eur* gesetzt, *-eeur* scheint also ausgeschlossen zu sein.

Die zweisilbige Form verhält sich zur einsilbigen ungefähr wie 1 : 3.

Beweisende Reime sind nur: für $-eo^1r$: *veneour : sejour* 29, 943; *estour : jugeour* II 328, 76; — für *-eur*: *cuer : moqueur* III 129, 1051.

Sonst findet sich $-eo^1r$ im Reime: 28, 931. II 173, 375; im Verse: 103, 579. II 170, 297. II 318, 43. II 367, 1. 17, 549. II 149, 5029. II 222, 66. III 196, 1931. M. 12, 383 u. 91; — *-eur* im Reime: II 13, 411 u. 421. II 222, 61. III 22, 718. III 28, 915. III 31, 1032. III 36, 1185. III 38, 1281. III 46, 1535. III 190, 1721. M II 350, 21261; im Verse: II 6, 180. III 140, 1435 u. 40 u. 48. II 6, 182. II 7, 198. II 175, 470. II 211, 66. II 306, 7. II 375, 18. III 22, 701. III 118, 5. III 36, 1187 u. 90. III 181, 25. III 43, 1442. III 43, 1443 (2). III 93, 5. III 180, 24. III 190, 1735.

3) Die folgenden Fälle, in denen o^1 in freier Silbe vor *r* steht und die wir daher hier noch betrachten müssen, ergeben als Resultat: Folgt auf *r* noch ein *e*, so herrscht fast ohne Ausnahme *eu*, sonst o^1, also *-eure* oder $-o^1r$.

a) Demnach haben immer *eu*: *heure seure* und die betreffenden Präsensformen von *courre*. Ebenso ist in den stammbetonten Präsensformen der Verba auf *ᶜourer* fast ausschliefslich *eure* bezw. *eurent* gesetzt.

An Beweisen fehlt es wohl wegen des Mangels passender Reimworte. Belege für *heure* finden sich in den Reimen, die als Belege der Verba auf *ᶜourer* dienen, s. unten. — *seure* 108, 753. 126, 1351. 184, 3285. 145, 2004. M. II 271, 18553; *deseure* 23, 741. 87, 14. II 197, 603. II 378, 21. M. 24, 811. M. 41, 1388. M. II 135, 13951; — *sequeure* 355, 256. II 244, 301. II 416 n. 72; *sequeure* und *aqueure* 145, 2007. II 378, 10; *akeurent* II 32, 1078; *il eurent* : *il keurent* M. II 54, 11165; dagegen *il acourt* : *la court* M. II 261, 18200; — *ᶜourer* und *heure*: Praes. ind. 1. sg. 58, 165. 145, 2003. 178, 3075. II 133, 4493; 3. sg. 72, 669. 160, 2495. 339, 3800. 355, 256. II 29, 964. II 119, 4026. 145, 2005. 190, 3494. 347, 3880. II 125, 4212. II 179, 603. II 244, 301. M. 15, 491. M. 23, 775. M. 36, 1200. M. 201, 7009. M. II 319, 20186; 3. pl. II 32, 1078; conj. 1. sg. II 192, 1065; 3. sg. 145, 2014. 195, 3668. 261, 1414. 355, 256. Dagegen *oudoure* : *demoure* II 239, 143. Beweisende Reime für *heure* sind wohl *heure* : *il deveure* II 21, 692. II 50, 1700.

b) -*oᵘr* wird bevorzugt von *aourer*. Es findet sich sehr häufig *j'aour* und einmal *il aeure*.

Die Regel wird weiter bestätigt durch einmaliges *je plour* neben sonstigem *je pleure*, durch die Substantivformen *demour* (9) und *demeure* (7) und durch die Infinitive *secourre* (2) mit *rr* und *sequeure* (2) mit einem *r*.

j'aour : *lour* 174, 2937. 205, 4000. II 130, 4393. II 256, 330; *j'aour* : *jour* II 196, 82. II 278, 55. II 298, 13. III 115, 17; *il aeure* : *il ónneure* 270, 1748; — *je plour* : *jour* II 292, 19; *il pleure* : *heure* 145, 2005. 355, 256 u. s. w. II 378, 13; — *demour* : *amour* 189, 3458. II 68, 2310. II 71, 2432. III 46, 1553. III 84, 25; *tour* : *demour* II 246, 1. II 305, 226; *demour* : *estour* II 328, 63; *jour* : *demour* M. II 272, 18585; — *heure* : *demeure* 18, 589. II 412 n. 56. II 416 n. 72. M. 9, 282. M. 142, 4844. M. II 332, 20646; *demeure* : *il akeure* II 378, 15; — *pourre* : *secourre* II 91, 3068. II 123, 4144; — *heure* : *sequeure* 122, 1212; *resqueure* : *demeure* II 378, 14.

4) Von den Endungen -*oᵘs* ̃-*oᵘse* und -*eus* -*euse* sind die ersteren sehr selten, die letzteren ganz allgemein. -*oᵘs*: *nous* : *anoïous* 198, 3762; *vous* : *chevalerous* M. 165, 5774; *courous* : *amourous* M. 99. 3372. M. 258, 8961; *courous* : *amourous* II 65, 2220; *joious* : *curious* 47, 1557; *amourous* : *doulerous* 126, 1371; — -*oᵘse*: *amourouse* : *haïnouse* : *plommouse* : *graciouse* : *orguillouse* : *pitouse* : *doulerouse* : *nuisouse* 135, 1652; — -*eus*: *angoisseus* : *dolereus* : *sogneus* : *seuls* : *languereus* : *amoureus* : *uiseus* : *piteus* : *despiteus* : *neus* : *Yseus* : *preus* : *deus* : *haïneus* 168, 2751; : *teus* : *eus* : *seus* 283, 2142; : *seus* : *feus* 155, 2323; : *Yseus* 217, 217; : *jeus* 334, 3655; : *seuls* 74, 739. II 93, 3128. II 133, 3834. 105, 619. 266, 1618; : *ceulx* : *eulx* III 4, 109; : *euls* II 125, 4224.

II 368, 13. II 393, 5. II 402 n. 21. III 135, 1257. III 215, 25. III 257, 2443; : *ceuls* II 383, 6. II 392, 23. III 84, 1. III 112, 1. III 133, 1207; — -*euse*: 12, 365. 47, 1569. 80, 959. 125, 1329. II 153, 5156. II 242, 235. II 420 n. 84. III 6, 147. M. 88, 3015. M. II 6, 9561. M. II 234, 17283.

Gesichert sind nur -o^1s und -*eus*, dagegen nicht ein einziges Beispiel von -o^1se neben -*euse*. Es ergiebt sich also vor *s* ein ähnliches Verhältnis wie vor *r*.

Man beachte hierzu noch *espeus et espousee* II 169, 235; *desous* : *espeus et espous* II 169, 259, wo hinter *espeus* vielleicht ein Apostroph zu setzen ist; *vous* : *espous* (masc.) II 191, 1021.

§ 10. o^2u.

I. Das Impf. der I. schwachen Konjugation hat -*oie* u. s. w. *amoit* : *droit* 132, 1575; *pensoit* : *plaisoit* : *commandoit* III 7, 185; *lavoit* : *avoit* III 44, 1467; *estoit* : *amoit* III 117, 10; *sembloit* : *exploit* III 148, 5; *j'amoi* : *moi* 120, 1151, vgl. § 65; *nommoit* : *tenoit* M. 1, 16; *je pensoie* : *je soie* M. 29, 958.

II. Besonders zu erwähnen sind einige Formen der 3. starken Konjugation auf -*eus* -*eut* -*eurent*. -*eut*: *depleut* : *eut* : *veult* : *meut* 349, 48; *reut* : *veult* M. II 5, 9491; *eut* : *recogneut* M. 33, 1109; *eurent keurent* M. II 54, 11165; *eurent* : *deurent* M II 36, 10554. Man vergleiche hierzu *devot* : *il volt* II 63, 2140; *mus* : *je mus* III 17, 555; *furent* : *murent* 194, 3636; — -*ot*: *ot* : *escot* 265, 1574; *ot* : *mot* 337, 3752. II 3, 63. III 41, 1383. III 64, 375. III 187, 1621. III 208, 1314. III 272, 2949. M. 227, 7907. M. II 169, 15119. M. II 313, 19992; *ot* : *Lot* M. 33, 1116; *ot* : *volt* M. 205, 7161. M. II 8, 9605; *pot* : *mot* M. 117, 4016; *pot* : *ot* M. II 256, 18036; — -*eus*: *je peus* : *seulx* 225, 481; *je veuls* : *je seus* 304, 2830; *je seus* : *seulx* III 49, 1657; — -*oi*: *j'oi* : *esbanoi* 69, 547. 193, 3596. 253, 1207; *je voi* : *j'oi* 245, 954; — -*oc*: *je poc* : *j'oc* 112, 873.

Anm. Die 1. sing. ind. praes. zu *vouloir* lautet *je voeil* : *oeil* 61, 281. 13, 405. II 409 n. 46; *je voel* : *voel* (sbst.) M. 19, 643. M. 32, 1058. M. II 352, 21311. M. II 361, 21624; *je voel* : *orguel* M. 221, 7722. M. 258, 8977. M. II 188, 15759.

III. *eu* für o^2u haben auch *bleu* fränk. *blau* und *peu* neben *poi*. *je veue* : *bleue* III 15, 463; *bleu* : *peu* M. II 161, 14851; *peu* : *veu* M. II 136, 13985; *peu* : *preu* M. II 143, 14221; *peu* : *jeu* : *hareu* II 398 n. 6; *poi* : *moi* : *je voi* 208, 4113.

IV. *oe* für *oue* zeigen *oe* aucam, *moe*, *boe*. *la moe* : *la roe* : *la boe* : *il loe* III 213 n. 6, 7; *joës* : *moës* M. II 43, 10780; *oe* : *la moe* III 37, 1239.

Wegen *il loe* vgl. § 74, wegen *roe* § 42.

§ 11. *au*

vgl. §§ 33—35.

§ 12. e^3u.

I. *deu* ist nicht vorhanden, man findet dafür meist *dieu*, in *par le corps De* aber immer *De*. *De* 26, 860. 43, 1445. III 203, 2158.

III 245, 4. III 278, 3114; immer im Reim zu *acordé, recordé*; *De* : *recordé* M. II 95, 12578; *De* : *recommandé* M. II 200, 16190; — *dieu* : *lieu* 184, 3284. II 33, 1116. III 13, 393. III 40, 1333. III 43, 1447. M. 14, 441. M. II 85, 12215. M. II 164, 14925; : *ieuls* 98, 375. III 15, 479. III 170, 22; : *mieuls* II 314, 53. II 389, 3. III 253, 13. M. 79, 2694; : *soubtieus* 142, 1902; : *rieu* : *lieu* 152, 2230. II. -*ieu* für -*eu* zeigen ferner: *Ebrieu, Mahieu* Matthaeus und *sieu, sieue,* die wohl auch hierher gehören. *pensieu* : *Ebrieu* 153, 2240; *Ebrieu* : *lieu* M. II 70, 11724; *Mahieus* : *diex* : *yeuls* II 422, 22, XCIII; im Verse *Ebrieu* II 173, 392; *Mahieu* II 24, 808; — *sieu. dieu* : *lieu* : *sieu* 152, 2230; *la sieue* : *il esquieue* (§ 13) II 241, 189.

§ 13. *iu.*

I. Der pikardische Wandel des *iu* in *ieu* ist vorhanden in *pieu* (pius) und *ayeue* (sbst.). *dieu* : *lieu* : *pieu* 152, 2230; *dieu* : *pieu* M. II 265, 18335. Zweifelhaft ist *piue* : *pensieue* M. II 147, 14357; *il esquieue* : *lieue* : *ayeue* II 426, CVI. Dagegen *aiue* : *vestue* 139, 1793; : *il jue* II 298, 7; *ayewe* : *rendue* M. II 325, 20386; *aiue* (part. praet.) : *eue* 322, 3406; part. praet. : sbst. 291, 2359. 339, 3803.

II. Ferner haben folgende Wörter *ieu*: 1) bei denen *iu* aus *iv* und 2) bei denen *iu* aus *il͛* entstanden ist. Vergleiche jedoch auch § 56, § 39 und 40.

1) *doutieus ententieus esquieus il esquieue hastieus lentieus pensieus rieu entieus?* und *kokevieus?*

2) *fieux hostieux gentieux soubtieux.*

1) ohne *s. dieu* : *rieu* : *lieu* : *pieu* : *hastieu* : *sieu* : *pensieu* : *ebrieu* 152, 2230; *pensieu* : *lieu* M. II 62, 11453; — mit *e. sieue* : *il esquieue* II 241, 189; *il esquieue* : *lieue* : *ayeue* II 426, CVI; *piue* : *pensieue* M. II 147, 14357; — mit *s. doubtieus* : *yeus* 104, 587; *yeus* : *pensieus* 120, 1156. 121, 1194. 125, 1301. 186, 3348. 198, 3788. 230, 057; *eskieus* : *mieus* M. 114, 3896; *pensieus* : *yeus* M. II 134, 13923; *pensieus* : *diex* M. 221, 7702; : *viulz* M. II 360, 21588.

2) *entieus* : *gentieus* 290, 2330; *gentieulz* : *mieulz* M. 217, 7556; *gentieulz* : *yex* M. II 277, 18746; *soubtieulz* : *ieulx* M. 16, 509; *yeux* : *fieux* III 194, 1855; *filz* : *soutilz* : *mieuls* : *dieus* : *yeux* : *lieux* III 253, 1.

1) und 2) *doubtieus* : *gentieus* 73, 703; *mieuls* : *lieus* : *doubtieus* : *esquieus* : *yeus* : *gentieus* : *soubtieus* : *diex* 142, 1892; *gentieus* : *lentieus* 314, 3164; *yeus* : *lentieus* : *hastieus* : *gentieus* : *entieus* : *pensieus* II 108, 3660; *hostieus* : *mieuls* : *gentieus* : *kokevieus* II 313, 20 u. 42 u. 58; *soubtieus* : *pensieus* : *vieuls* II 390, 10; *mieulz* : *soutieux* : *ententieux* : *gentieux* III 105, 4; *gentieus* : *rieux* III 170, 30.

3. Diphthonge auf *i.*

§ 14. *ui.*

Der Triphthong *uei,* der in *ui* übergegangen ist, wird hier gleich mitbehandelt.

Der Ton liegt bei ursprünglichem *ui* und bei *ui* aus *uei* auf dem i, dafür sprechen die Reime *nourie* : *partie* : *il anuie* II 285, 12; *je sui* : *anui* : *qui* (acc.) : *poursievi* 350, 88; *tu t'esvanuïs* : *tu t'enfuis* : *vuis* : *je puis* II 292, 24; *esvanuïe* (partic.) : *il anuie* 106, 663; *refuïtes* : *quiltes* 2, 35; *conquis* : *deduis* 84, 1099; *quilte* : *luite* III 158, 28; *anuis* : *requis* 51, 1709; *depuis* : *quis* 260, 1398.

§ 15. o^1i.

I. Die drei oi: o^1i o^2i und o^ei (aus ei) werden miteinander gebunden, der Accent ist also schon auf das i gerückt.

Die Bindung o^ei : ue zeigt *trois* : *entrois* (*que*) 108, 743.

Die Belege für o^1i : o^2i : o^ei sind sehr zahlreich: *fois* : *vois* (vocem) : *Francois* : *bois* 349, 32; 136, 1687. 175, 2966. 330, 3547. 349, 32. II 73, 2491. II 204, 313. II 207, 405; 94, 239. II 26, 882. III 269, 2849; 11, 355. 276, 1958. 290, 2322. II 167, 175. III 17, 531. III 31, 1037; 2, 39. II 31, 1034. II 97, 3274. II 166, 155. II 277, 28. III 155, 7 u. s. w.

II. ai (e^1) ist eingetreten für o^1i in *cognestre* : *nestre* 99, 421; daneben besteht *cognoistre* : *accroistre* III 22, 727. M 119, 4086; — für o^ei in *saie* : *extraie* : *plaie* 34, 1126; daneben findet sich *soie* : *j'osoie* 223, 393; *soie* : *je pensoie* III 55, 87.

§ 16. o^2i.

I. Zu *bois* besteht die Nebenform *bos*, die aber seltener auftritt. *bois* : *erbois* 2, 39. 27, 903. II 31, 1034. II 97, 3274 u. s. w.; — *j'os* : *bos* 125, 4238; *repos* : *bos* II 145, 4895; *bos* : *mignos* II 203. 302; *bos* : *mos* II 319, 8. 138, 1770; *bos* : *trestos* M. 251, 8725; *bos* : *galos* M. II 258, 18117.

II. Neben *anui* ist *anoi* sehr häufig, das sich, wie *anoie* neben *anuie*, wohl durch Uebertragung des unbetonten oi von *enoier* in die Tonsilbe erklärt. *anui* : *je fui* 128, 1414. 127, 1402. 148, 2083 u. 350, 88. 315, 3182 u. 322, 3431. 207, 4077. III 166, 20; — *anoi* : *je croi* 133, 1605. 94, 239. 136, 1687. 175, 2975. 311, 3046. II 26, 882. II 73, 2491. II 414 n. 65. II 421 n. 89. III 269, 2849. M. 145, 4946; — *il anuie* : *esvanuïe* 106, 663. II 285, 12; — *j'anoie* : *je verroie* 154, 2295. II 125, 4240; *il anoie* : 178, 3081. 308, 2962. II 263, 7. II 412 n. 55. M. 212, 7400.

III. *chieux* für *chois* zeigt *mieulz* : *chieux* III 105, 1.

Wegen der 1. sg. ind. pf. der 3. starken Konjugation vgl. § 10. Wegen *poi* paucum und *oe* aucam vgl. § 10.

§ 17. o^ei.

I. *-al* für *-oil* aus *-eil* liegt vor in *feal*, vgl. § 7. *feal* : *mal* III 36, 1193; *leal* : *feal* III 38, 1273; *leäux* : *feäulx* III 8, 233.

II. *te³le* neben *toile* und *fe³re* neben *foire* werden gesichert durch: *tele* talem : *tele* telam 268, 1690; *matere* : *fere* : *pere* II 347, 25.

III. Für *candei,le* ist *cande,ille* eingetreten, denn II 385, 2 ff. wird *-e,ille* von *-e¹lle* als besonderer Reim unterschieden und *candeille* mit *-e,ille* gebunden: *merveilles* : *pareilles* : *despareilles* | *querelle*

: *renouvelle* ... *trelles* : *oreilles* : *bouteilles* | *nouvelle* : *renouvelle* ... *vermeilles* : *candeilles* : *veilles* | *rocelle* : *renouvelle* II 385, 2; *candelle* : *pareille* : *nonpareille* II 422 n. 92; *touelle* : *candelle* 57, 133; sonst *toueille* II 222, 63. II 384, 9.

IV. Sehr häufig ist *fie* neben *fois* vicem: *fois* : siehe die ersten Beispiele im § 15 bis II 207, 405 u. a.; *fie* : *courtoisie* 205, 4011. 239, 816. II 307, 37. II 356, 42 u. s. w.

V. Die pikardisch-wallonische Form *nive* ist vorhanden in *nive* : *vive* II 283, 234; *neige* dagegen in *neje* : *ai je* 272, 1802.

§ 18. *ai*.

I. In gedeckter Silbe ist die Kontraktion des *ai* zu *e¹* vollzogen:

1) Für *eaue*, das dreimal, und *eauue* (Scheler *eauve*), das einmal auftritt, wird sie durch die Schreibung bezeugt, falls *ea* aus *e¹* entstanden ist. Ueber *aigue* und *aige* läfst sich nichts sagen. — III 44. 1466 *eauve*; 69 *eaue*; 76 *eaue*; 77 *eaue*; — *aigue* 22, 724. 35, 1145. 94, 244. 161, 2507. 352, 159. 353, 164. 353, 172. II 38, 1284. II 97,3282. II 98,3293. II 136,4591. II 239,134. II 242, 232 (2mal) u. 35 u. 43. II 329, 11. II 330, 23 u. 36. II 331, 59. M. 5, 133 u. 141; — *aige* 257, 1301. 259, 1368. 269, 1718. 282, 2096. — *aigue* verhält sich zu *aige* wie 5 : 1.

2) lacrima ist zu *larme* geworden: *larme* : *dame* 187, 3400; *larme* : *esclame* II 285, 6.

3) Belege für die Kontraktion vor *str* bieten: *mestre* : *estre* 12, 363 u. 85. 163, 2584. 212, 27. II 67, 2284. II 122, 4128. II 148, 5000. II 233, 457. III 137, 1323; *maistre* : *senestre* 32, 1049; *naistre* : *estre* II 41, 1382. II 47, 1592. II 133, 4499. II 191, 1025. M. 23, 767. M. 83, 2845. M. II 153, 14577; *naistre* : *fenestre* II 91, 3072; *paistre* : *estre* 196, 3700.

4) vor *st*: *paist* : *est* 176, 3031; *repaist* : *prest* III 162. 4; *repaist* : *arrest* III 162, 9; *plaist* : *est* 9, 275. 200, 3835. II 244, 303. III 162, 17. M. 44, 1476. M. 214, 7484; *laist* : *est* 55, 71. 329, 3499. II 67, 2292.

5) vor *s* und *t* (*ts*): *pais* : *trais* : *tais* : *exprés* : *fais* : *fais* : *pres* : *meffais* : *jamais* 233, 714; *Socratés* : *parfais* : *fais* 355, 252; *fais* : *je fais* : *secs* : *fais* : *fres* : *jamais* : *parfais* : *Achillés* : *Moysés* : *souhais* : *pais* : *malvais* : *mais* II 141, 4773; *exprés* : *trais* II 251, 157. Fernere Beispiele für *-s* *-ts* = *-s*, speziell aber für *-t* *-te* siehe § 6 unter *e²* : *ai*.

6) Belege für die Kontraktion vor *r* endlich sind: *vair* : *coer* : *Jupiter* : *soer* : *air* : *enfer* : *fer* : *flair* 152, 2214; *Leander* : *Jupiter* : *air* 355, 244.

II. In freier Silbe findet die Kontraktion nur teilweise statt.

Die Endung *-ai* scheint überall kontrahiert zu sein, die Endungen *-aie* und auch *-aire* sind noch unkontrahiert.

1) Die Endung *-ai*. *-ai* in *-ai je* ist kontrahiert. Wie unter *a* § 4 gezeigt wurde, ist *-ai je* sehr häufig mit *-age* gebunden, für das daher *-aige* anzusetzen ist. Nun wird aber *-ai je* einmal mit

e^2 und -age sogar zweimal mit e^2 gebunden, nämlich neje : ai je 272, 1802 und image : mac (mets) je II 18, 594; image : mach (mets) je II 23, 755; je mets (may) reimt aber wieder mit esmai und j'amai III 81, 7 (siehe unten), die Kontraktion ist daher für -ai je und natürlich auch für -aige als vollzogen anzunehmen.

-ai + s ist ebenfalls kontrahiert: ges : soubjés : exprés 234, 735; Socratés : vrais 355, 252; fais : gais : vrais : Achillés II 141, 4774; gais : aprés : mais II 251, 165; vrais : ces (cessum) II 252, 184.

Da nun die Endung -ai in einigen Beispielen auch ohne je und flexivisches s mit e^2 im Reime steht, so darf man sie wohl überhaupt als kontrahiert ansetzen: je may (mets) : may (Monat) III 67, 496; je may (mets) : may (Monat) : esmay : j'amay III 81, 7; may (ipr.) : may (Monat) III 31, 1028.

Für den Uebergang in e^1 spricht auch die Bindung mit attrait, wo wie bei met Verstummung des t eingetreten ist. je sai : osai : entrai : tenrai : sentirai : esmai : aurai : trairai : ai : rai : attrai : gai : avisai : essai : j'essai : vrai 203, 3941; ähnlich verhält sich je fai für fais : amerai u. s. w. II 280, 125; je fai : j'ai M. II 367, 21816. M. 244, 8495.

2) Die Endung -aie. Für -aie läfst sich die Monophthongierung des ai nicht nachweisen, es müfste denn in Analogie zu esmai III 81, 7 auch esmaie, zu gai auch gaie u. s. w. den e^1-Laut erhalten haben. 34, 1119. 331, 3567. III 35, 1169. Man könnte hier an fait und faite denken, vgl. § 6.

3) Die Endung -aire. -aire, das sehr häufig im Reime auftritt, hat sicher noch ai, denn es wird nie mit -e^1re gebunden; aufserdem werden in dem Gedicht II 346 n. 18 -aire und -e^1re nebst -e^2re als verschiedene Reime streng getrennt: afaire : faire | clere : mere : pere | Aire : debonnaire | singulere : matere : je considere | Helainne : repaire | misere : amere : persevere.

Man beachte auch ei^n (ai^n): ai in Helainne (Helena) : repaire II 347, 43. -aire findet sich 20, 639. II 111, 3732. II 268, 193. III 160, 12 fg.

III. oi für ai hat esmoi : moi III 268, 2801 neben gewöhnlichem esmai: esmai : may 97, 351; : vrai 146, 2031; : assai 174, 2965; : je may (mets) III 81, 7.

4. Monodiphthonge.

§ 19. ue.

ue wird unter uel^c besprochen § 42.

§ 20. ie.

I. -iée ist ausnahmslos in te verwandelt worden. lie lat. laetam. merancolie : lie 162, 2527. 226. 513. III 165, 1; : maladie 186, 3356; : appareillie II 27, 894; : vie II 72, 2468; : jolie II 115, 3876; : courtoisie II 213, 113. III 6, 148; : folie III 41, 1371. III 165, 19. M. 26, 879; — -ie lat. -atam. merancolies : liies 1, 7. 227, 539; esbahies

: *aidies* 295, 2512; *servie* : *suppliie* II 72, 2456; *priie* : *on escrie* II 147, 4945; *conseillie* : *appareillie* : *octroïe* : *je prie* 205, 4014; *edifiie* : *raemplie* : *autorisie* : *prononcie* : *Jheremie* : *batizie* : *vie* II 156, 5246.

II. Von den Infinitiven auf *iër* (iðer), die später auf *iier* ausgehen, sind *oublyer* und *mercyer* mit *ier*, *mariër* dagegen noch mit *er* gesichert.

Es ist meist *y* für *ii* gesetzt. *deslyer* : *oublyer* 1, 9; : *merancolyer* 156, 2363, 223, 425. 246, 973; : *alyer* 262, 1462; noch deutlicher beweisen: *prisier* : *oublyer* 162, 2526; : *cherchier* 332, 3604; : *changier* 352, 132; — *congié* : *merciié* 361, 472.

Da gegen: *mariër* : *escuser* M. 54, 1840. M. 57, 1934; *mariër* : *parler* M. 55, 1860.

III. *e* neben *ie* zeigen *amisté amistié* und *pité pitié*. *amisté* : *esté* 155, 2310. III 138, 1375; : *necessité* II 45, 1504; : *verité* III 57, 149; : *loyauté* III 89, 8. III 189, 1680; : *consideré* M. 50, 1710; *amistés* : *telz* M. 62, 2180; — *pité* : *seürté* 65, 439; : *vous portés* 69, 580; — *amistié* : *pitié* : *affetié* : *lacié* : *atacié* 285, 2187.

IV. In der Verbalflexion und hinter *ch* und *g* ist *e* für *ie* noch nicht eingedrungen.

Auffallend ist *legai* für *legier* : *j'ai* 119, 1112.

cherchier : *consillier* : *entier* : *legier* : *dangier* ; *fier* : *brisier* : *arrier* : *muchier* : *mourdrier* 332, 3605; *aidier* : *mestier* 161, 2518; *entier* : *moutepliier* 173, 2902; *fier* : *chacier* II 229, 313; *changier* : *chevalier* 352, 134; *chiere* : *arriere* 280, 2041. 146, 2006. II 146, 4913. III 174, 12 ... Siehe auch die Beispiele unter *-ie* aus *-iée* lat. -atam und unter *-iier* aus *-iër*.

V. *i* anstatt *ié* hat *sige* : *di je* 119, 1108.

Ueber *ei* vgl. §§ 15 und 17.

5. Triphthonge.

§ 21. *ueu*.

focus erscheint viermal als *feu*, neunmal als *fu*. *feus* : *amoureus* 156, 2334; *feus* : *graciëus* II 406 n. 34; *feus* : *deus* M. 259, 8993; *feus* : *euls* M. II 50, 11031; — *fu* : *il fu(t)* II 19, 624. II 59, 1989. II 131, 4415. II 153, 5148. III 60, 249. III 149, 2. M. II 242, 17550; *fu* : *ju* 265, 1568; *fu* : *u* II 91, 3070.

§ 22. *ieu*.

I. Wie mit focus verhält es sich ungefähr auch mit jocus. Es findet sich sechsmal *jeu*, neunmal *ju*. *jeu* : *leu* 93, 303; *perilleus* : *jeus* : *uiseus* 334, 3660; *jeus* : *ceuls* : *joyeus* II 392, 20; *jeu* : *peu* : *hareu* II 398, 3; *jeus* : *oultrageus* M. 35, 1164; *geus* : *courageus* M. 130, 4437. Man vergleiche die endungsbetonten Formen des Verbs: *jeuer* M. 9, 275; *jeué* M. 35, 1165. — *jus* (deorsum) : *jus* 121, 1170. II 100, 3386. II 131, 4421; *jus* : *refus* 139, 1782; *fu* (focum) : *ju* 265, 1568; *jus* : *ensus* II 384, 13; *ju* : *escu* II 389, 8; *jus* : *sus* M. 8, 257; *Biauju* : *il fu* II 234, 483. Die stammbetonten Formen des Verbs lauten ebenfalls auf *u*. *elle jue* : *nue* : *mue* 139, 1788; *elle jue* : *je mengue*

II 77, 2599; *il jue : revenue* II 298, 3; *il jue : il rue* M. 196, 6837; *il jue : mue* M. II 155, 14631. M. II 156, 14691. II. locus lautet im Gegensatz zu jocus immer *lieu.* *lieus : dieus* 16, 523. 184, 3284. II 33, 1116. III 13, 393. III 40, 1333. III 43, 1447; : *pieu : Ebrieu* 153, 2235; : *yeulx* III 253, 23; : *cieulx* (caelum) III 20, 657; : *mieuls* 24, 805. 142, 1892. II 109, 3666. II 188, 922. III 170, 2. Als Verbalform findet sich im Reim *il loie : je voloie* 77, 829 und : *il emploie* II 277, 37; vgl. *loiier : escuier* M. 101, 3458. Bemerkenswert ist *soudoyers : leuiers* 306, 2880. III. Mit *ieu* erscheinen stets, jedoch mit Ausnahme von *je pour-sieu : dieu* M. II 91, 12451 nicht im Reime: *rieule* 59, 210 u. 226. 75, 768. 288, 2266; *rieuler* 36, 1208. 292, 2387. II 377, 17 ...; *poursieut : ensieut* 195, 3682. M. 5, 147 .... Die endungsbetonten Formen von sequere haben *iev* (oder *ieu?*). *sievir : ouvrir* II 214, 164. 191, 3541. 282, 2086. 344, 24. II 355, 10. M. II 281, 18889; *sievant* 279, 7; *il sievi : li* 137, 1721. M. 171, 5985; *il apoursievoit* 28, 917; desgleichen die stammbetonten Formen mit *iev* (*ieu?*) + Vokal: *tu poursieves : tu ensieves* II 177, 529. Wegen *ieu* aus *iu* vgl. § 13.

§ 23. *uei* vgl. § 14.

ànui vgl. § 16.

§ 24. *iei.*

Für *iei, e + i*, ist *i* eingetreten. I. Regelmäfsig entwickelt ist also *mire* aus mereat. *mire : lire* 108, 745; : *dire* II 262, 5; : *martire* II 294, 99; : *gire* II 361, 57. II. Für *mire* medicum findet sich auch *medecin. mires : sires* 31, 1017; *mire : estire* III 238, 26; *medecin : benin* II 377, 19; *medecin* dreisilbig 131, 1527. III. *entir* und *entier* bestehen neben einander, doch ist *entier* das häufigere. *entir : repentir* 81, 973; : *martirs* 85, 1124; : *sentir* 190, 3484; : *venir* II 140, 4718; *entires : tires* 3, 67; : *cires* 338, 3772; : *souffire* II 360, 31; *entier : traitier* 54, 39; : *mestiers* 86, 1171; : *dittier* 90, 109; : *volontiers* 183, 3248. II 16, 541. II 25, 830. III 15, 461. M. 47, 1600; : *je requier* 332, 3608; : *jugier* II 146, 4919; : *pryer* II 286, 56; : *moullier* M. 74, 2536; *entiere : leghiere* II 140, 4730; : *chiere* II 159, 2440; : *lumiere* II 281, 146; : *fiere* II 308, 52; : *bre-giere* II 320, 49; : *pleniere* III 93, 22 ; : *maniere* III 163, 12. Wegen *matire* und *mestire* vgl. § 5.

6. Die Vokale vor Nasalen.

§ 25. *en.*

en ist zu *an* geworden. Man findet daher die Schreibung *an* für *en* sehr häufig.

-*ment. autrement : devant* 27, 899; *amant : loyaument* 259, 1362; *marchant : plainement : maintenant : secretement : certainement* II 367, 3; *tant : gent : sentement : il esprent : abundant : il atent : quant : hardement* II 356, 25.

-egne. *compagne* : *pregne* 9, 283; *ensegne* : *pregne* : *estragne* : *accompagne* : *adegne* : *plaigne* II 198, 145; *ensegne* : *espargne* II 55, 1866; *Bretagne* : *il ensegne* M. 2, 39. M. II 245, 17685. M. II 350, 21251; *ensegne* : *j'acompagne* M. 204, 7125.

-ence. *plaicence* : *ignorance* 19, 609; : *il avance* 158, 2405; *franche* : *penitence* II 249, 100.

fame (feminam) : *ame* 15, 475. 225, 487. III 176, 8; : *dame* 162, 2550. 204, 3984. 222, 389. M. 23, 777; : *fame* (famam) II 165, 121. II 267, 2787.

-esme. *dame* : *esme* 193, 3602; *quaresme* : *escame* 95, 185. *temps* : *tans* 76, 821; : *sentans* 158, 2427. 283, 2124. II 11, 355. III 124, 869. III 129, 1055. III 136, 1295. III 157, 4; : *servans* 130, 1482; : *chantans* II 16, 521; : *esbatans* II 115, 3672; : *delitans* III 268, 2805.

exemple reimt zu *an* und *en*: *ample* : *example* 178, 3079; *ensamble* : *example* 113, 913; *exemple* : *temple* 229, 607. II 167, 161.

§ 26. *ein.*

ein ist in *ain* übergegangen. *mains* (minus) : *mains* (manus) 9, 254. 11, 335. 107, 715. 276, 1960; : *humains* 105, 645; : *compains* 360, 408; *il meine* : *humaine* III 162, 10; : *germaine* 11, 351; *peine* : *semaine* 181, 3180; : *saine* (sanam) 140, 1812; *peine* : *certaine* M. 236, 8220. M. II 120, 13441. M. II 343, 21027; *veine* : *vaine* 16, 509; *aveine* : *raine* II 350, 57; *demeine* : *saine* (sanam) 140, 1812; : *humaine* III 162, 10. III 174, 8; *il feint* : *saint* II 154, 5206.

In zwei Fällen ist jedoch hinter Labial *oin* für *ein* eingetreten, nämlich in *point* und *empoint* pictum, welche beide mit *point* punctum gebunden werden: III 18, 575. II 180, 635.

Fernere Belege für den Uebergang in *ain* sind *pleins* (plenum) : *plains* (planctum) 17, 543. 194, 3630. II 175 471. II 250, 117. III 150, 23; : *je plains* II 102, 3434; : *compains* 360, 410; *pleins* : *mains* (manus) M. II 200, 16182; *sein* (sinum) : *procain* 164, 2604; : *main* (manum) 251, 1117; *esteins* : *je plains* II 119, 4008; *Helaine* : *fontaine* II 348, 1; *Helainne* : *repaire* II 347, 43; *Seine* (Sequana) : *saine* (sanam) III 265, 2723; *teindre* : *estreindre* : *meindre* : *remaindre* : *fraindre* 6, 157; *esteindre* : *plaindre* II 217, 51; : *remaindre* 6, 159; *ceindre* : *plaindre* III 153, 26. Auch die rimes annexées II 118, 4004 *mains* (mane) : *mains* (minus) und II 119, 4010 *je plains* : *pleins* (plenum) gehören hierher.

§ 27. *uoin.*

uoin ist in *oin* übergegangen, wie dies die Reime *quint* : *coint* 103, 553; *cointe* : *pointe* II 167, 159. M. 1, 11. M. 230, 7988. M. II 326, 20430 beweisen.

§ 28. *ien.*

ingenium ist nur in der Form *engien* zu belegen: *mien* : *engien* 141, 1844. II 294, 86; *bien* : *engien* M. 4, 111. M. 19, 639. M. 172, 6024.

7. Die Vokale vor gedecktem l und l'.

§ 29. ul^c

reimt mit u. *nuls : plus* 159, 2462. II 378, 19. II 384, 7; : *venus* 162, 2542. II 220, 5; : *Venus* II 35, 1176; : *vertus* III 185, 12.

§ 30. o^1l^c

wird mit o^1 gebunden. *douls : tous* 186, 3342. II 122, 4136. III 28, 935. III 29, 963; : *nous* 48, 1619. 99, 417. 118, 1062. 165, 2637. 262, 1460. III 45, 1513; : *vous* 25, 829. 166, 2693. II 67, 2296. II 135, 4571. II 418 n. 77. III 39, 1303. M. 15, 489. M. II 8, 9627. M. II 148, 14395. M. II 252, 17906; : *courrous* III 13, 405; *douce* : *touche* 50, 1683. 197, 3744; *douces : bouches* 26, 843. 32, 1075. 46, 1523. 107, 701. 112, 867. 115, 969. 181, 3172. 269, 1702. 353, 172. II 134, 4535; *estout : tout* 214, 119. II 56, 1906. II 69, 2352. II 102, 3454. II 182, 695; *moult : tout* II 186, 851. M. 67, 2290; *escoute* : *coute* 168, 2739; *couchent : atouchent* 264, 1544. 353, 174; *oultre* : *moustre* 287, 2248. 334, 3681. II 57, 1948; *pourre : secourre* II 91, 3068. II 123, 4144; *houce : touche* 272, 1812; *hou[r]s* (ahd. hulis) : *fours* II 344, 38.

§ 31. $o^1l'^c$

wird wie o^1l^c mit o^1 gebunden. *genouls : nous* 180, 3136. II 87, 2941. II 102, 3440. II 118, 3978. II 126, 4242. III 205, 2221. III 58, 184. M. II 364, 21728; *genouls : doulz* M. 54, 1850; : *Faroulz* M. 195, 6802; : *vous* M. II 322, 20298.

§ 32. o^2l^c

reimt zu o^2 und in drei Fällen zu *eu*. *rossignols : mignos* 44, 1459. II 145, 4903; : *mos* II 207, 411; : *enclos* II 195, 17; : *bos* II 203, 311: *cols : repos* 205, 4023; : *dos* II 319, 25; *cops : mos* II 249, 89; *cop* ; *trop* M. II 56, 11251; *cops : Begos* M. 145, 4956 u. 76; *folz : pourpos* M. II 333, 20672; *mos : gros* M. II 306, 19750; *vols : repos* II 145, 4895; *il volt : devot* II 63, 2140; : *il ot* M. 205, 7161; M. II 8, 9605.

Dagegen *il veut : depleut : eut : meut* 349, 48; *je veus : je seus* 304, 2830; *il reut : il veult* M. II 5, 9491.

In den letzten Beispielen ist also o^2l^c zu o^2u^c zu *eu^c* geworden. Vgl. auch § 10.

§ 33. al^c

ist zu *au* geworden, wie dies auch die Bindung mit den jüngeren Auflösungen von e^1l^a, e^2l^c, $e^2l'^c$ zeigt. Vgl. §§ 35, 36 und 37.

§ 34. al'^c

ist ebenfalls in *au* übergegangen. *travauls : dechaus* II 216, 15; : *saus* (salvum) II 374, 22; *vaulx* III 125, 915.

§ 35. e^1l^c

geht in *eau^c* über, das mit *iau^c* wechselt, wie in: *biaus : loyaus* II 179, 587; *royaus : biaus* II 312, 56; *royaus : preäus* II 344, 29.

Zweisilbig ist *eau* in *hyäumes* 93, 216; *heäume* II 425, 10; *hyäume* : *paulme* M. 162, 5666; : *psaume* M. 104, 3548; : *royaume* M. 105, 3598. M. 86, 2930, was sich wohl durch Herüberziehung des *i* aus dem Artikel *li* vor *h* erklärt.

Wegen *eaue eauve* vgl. § 18.

§ 36. e^2l^c

erscheint in den meisten Fällen als *eu^c*, seltner als *eau^c* oder *iau^c* und einmal als *au^c*. *euls* : *seuls* 95, 271; : *teuls* 284, 2147; : *tu veuls* III 260, 2573; : *deus* III 29, 957. III 112, 15. III 203, 2160. II 368, 5; : -*eus* (-osum) II 125, 4224. II 368, 5. II 393, 5. II 402 n. 21. III 4, 109. III 135, 1257. III 215, 25. III 257, 2443. M. 61, 2082; : *veus* II 368, 5; : *neus* : *preus* II 393, 5. M. 191, 6971; *ceuls* : *seuls* III 29, 945; : -*eus* (-osum) II 383, 9. II 392, 23. III 4, 109. III 84, 10. III 112, 1. III 133, 1207; : *neus* II 383, 9; *Yseus* (Îshildis) : *amoureus* 217, 217; : *preus* 30, 981; : *neus* 168, 2761; — *eauls* : *Praiaus* II 312, 1; : *royaus* II 312, 56; : *chasteaus* II 324, 15; : *touseaus* II 329, 51; : *pastoureaus* II 334, 5; *yaus* : *jeuiaus* M. 92, 3148; : *reviaus* M. 202, 7061; : *demoisiaus* M. II 79, 12005. M. II 290, 19202; : *biaus* M. II 180, 15498; : *tousiaus* M. II 351, 21279; : *pinciaus* M. II 351, 21287; *ceauls* : *oiseaus* 88, 33; : *damoiseaus* 125, 1317; : *nouviaus* II 310, 8; : *royaus* II 312, 56; *chiaus* : *jovenciaus* M. 31, 368; : *damoisiaus* M. 248, 8633; *cheviaus* : *reponiaus* 165, 2651; : *veauls* II 312. 34; : *Anseaus* II 329, 19; — *yaus* (aus) : *consaulz* M. 59, 1994, cf. § 37.

§ 37. $e^2l'^c$

wird mit *au* gebunden. *consauls* : *travaus* 19, 625. 129, 1459; : *assaus* 229, 623. 309, 2978; : *saus* (salvum) II 373, 14; *consaulz* : *vassaus* M. 41, 10732; : *chevaus* M. 239, 8295; : *assaus* M. II 300, 19546. M. II 304, 19674.

§ 38. e^3l^c

verliert das *l* mit einer Ausnahme, wo die Gruppe in *eu* aufgelöst wurde. *te³us* : *e²us* 284, 2147; — *tels* : *auctorités* 17, 531; : *vantés* 134, 1623; : -*tés* (-tatum) 25, 827. 231, 663. II 181, 677. III 75, 756. III 94, 17. III 109, 26; : *amés* III 278, 3102; : *gres* III 121, 6; *tels* : *vous escrirés* M. 51, 1726. M. II 147, 14378; *ytels* : *cilés* 24, 791; *autels* : *beautés* III 20, 637.

§ 39. il^c

ist über *iu* zu *ieu* geworden, doch findet auch Schwund des *l* statt. Die Beispiele für *ieu* siehe § 13. *je pris* : *seignouris* 348, 16; *barils* : *mis* II 316, 57; *gentils* : *pays* II 322, 16 28 42 56 70 75; *gentils* : *chils* M. 219, 7640; — *cieuls* (N. sg. == ecce ille) : *ieus* (oculos) 225, 477; : *mieuls* II 312, 9 ist aus *cil* + *s* entstanden. cf. § 84.

§ 40. il'^c

hat im Gegensatz zu *il^c* meist Schwund des *l*, seltner *ieu* (§ 13). *fils* : *proufis* 307, 2912; : *esperis* II 159, 5366; : *je fis* III 190, 1731;

: *desconfis* III 209, 2342; *perils* : *Paris* 101, 505; : *vis* 206, 4045; : *remeris* 306, 2882. II 135. 4559; *fieuls* : *yeux* III 194, 1856; : *soutilz* : *mieuls* : *Dieus* : *yeus* : *lieux* III 253, 1.

§ 41. o^1uk^c.

solus erscheint als *seus*. : *euls* 95, 272. 283, 2156; : *ceuls* III 29, 945; : *Yseus* (Îshildis) 168, 2754; : *feus* 155, 2323.

§ 42. uek^c und *ue*.

I. *ue*.

1) Der Uebergang von *ue* in *ö* ist nur in den Dichtungen des III. Bandes vorhanden.

Neben *leuve* : 8 *ue*, *seur* : *honneur* findet sich sehr häufig *ceur* : -*eur* (-orem).

Dieser bequeme Reim *ceur* : -*eur*, der bei dem häufigen Gebrauche von *ceur* sehr nahe liegt, ist im I. und II. Bande und im Meliador I, II nicht vorhanden. Vielmehr liegen Beweise für die Aussprache *ué* in *cuer* und *soer* vor, ebenso wie in *oéil* und *entroés*. Der III. Band hat also nur *ö*, der I. und II. und Band I und II des Meliador nur *ue*.

suer : *Leander* M. II 292, 19268; *vair* : *coer* : *Jupiter* : *soer* : *air* : *enfer* : *fer* : *flair* 152, 2214; *esseil* : *frefeil* : *oeil* : *cel* II 372, 18; *trois* : *entrois* (= *ue*) 108, 743.

Dagegen *leuve* : *neuve* : *reuve* : *preuve* : *repreuve* : *j'esmeuve* : *espreuve* : *il treuve* III 111, 22; *seur* : *honneur* III 265, 2713; *ceur* : *doulceur* III 11, 329. III 29, 969. III 44, 1471; *ceur* : *seigneur* III 22, 723. III 28, 909. III 38, 1262. III 220, 17; *ceur* : *douleur* III 33, 1089. III 89, 6; *ceur* : *liqueur* III 131, 1137. III 152, 9. III 194, 1853; *ceur* : *valeur* III 37, 1223; *ceur* : *valeur* : *feur* III 169, 1; *ceur* : *odeur* III 13, 391; *ceur* : *greigneur* III 114, 12; *ceur* : *moqueur* III 129, 1051; *ceur* : *honneur* III 170, 1; *ceur* : *faveur* III 248, 26.

2) o^2 statt *ue* zeigen *roe* (rotam) und *il devore*. *la moe* : *la roe* : *la boe* : *il loe* III 213, 6, 7. cf. § 10, IV; *il devore* : *ore* II 260, 120.

Neben *devore* ist auch *deveure* vorhanden, doch ist dies *eu* wohl nicht aus *ue* entstanden, sondern eine Anlehnung vielleicht an *saveure* wegen Uebereinstimmung der unbetonten Vokale in den endungsbetonten Formen: *savourer* und *devourer*. *deveure* : *heure* II 21, 692. II 50, 1700.

II. uek^c.

Hier findet sich derselbe Unterschied wie bei *ue*.

Im I. und II. Bande ist ue^c für uek^c eingetreten, daher die häufigen Reime zu ursprünglichem *ue*, im III. Bande ist uek^c zu *eu* geworden, wie dies die Bindung mit *euls* (illos) und *deus* (duos) zeigt.

Vielleicht darf man in I und II $ue^{l'c}$ für uek^c einsetzen, wo dann wie im Lothringischen *l'* ausgefallen wäre. Ein solches Beispiel ist: *tu voes* : *esquoes* II 177, 543. Doch lautet dieser Reim vielleicht *tu vieus* : *esquieus* [§ 43], *vieus* aus *vueils* wegen der 1. sg. *vueil* : *oeil* 61, 281 [§ 49, II und § 10, II Schlufs].

2

Für *ue* in I und II spricht endlich noch bezüglich *uel*^{c}: *trois* : *entrois* (= *ue*) 108, 743 und *entroes* : *tu voes* II 30, 1006.

Beispiele: *tu voes* : *tu poes* 24, 797. II 5, 137. II 175, 453; *poet* : *voet* 72, 673. 153, 2259. 307, 2932. II 118, 3976. II 127, 4300. II 281, 148. M. 91, 3118. M. 108, 3708. M. 229, 7964. M. 232, 8076; *muet* : *voet* M. 9, 279. M. II 63, 11483; *poet* : *suet* M. 33, 1092; *doelt* : *poet* M. 173, 6078; *estoet* : *doelt* : *soelt* II 281, 157; *noes* : *voels* : *ues* II 159, 5357; — aber *deuls* : *deus* III 40, 1327. III 136, 1305. III 262, 2611; *veuls* : *euls* III 260, 2573; *veuls* : *peus* III 16, 515. III 33, 1099; *veut* : *puet* wohl *peut* III 257, 2449.

§ 43. *uel*^{c}

geht in *ieu* über. Wegen *esquoes* vgl. § 42, II. *yeuls* : *dieus* 98, 375. III 15, 479. M. II 148, 14411. M. II 205, 16332; : *lieus* III 253, 21. M. II 90, 12413; : *doubtieus* 104, 587; : *pensieus* 125, 1301. 198, 3788; : *gentieus* 142, 97; : *soubtieus* II 389, 8; : *fieuls* III 194, 1855; : *mieuls* 107, 711. II 85, 2865. M. 17, 569. M. 62, 2124; *orgieus* : *mieuls* II 313, 31.

§ 44. *iel*^{c}.

Hier entsteht *ieu*. *cieuls* : *lieus* III 20, 657; : *vieux* III 45, 1497.

§ 45. *iel*^{c}

wird wie *iel*^{c} in *ieu* aufgelöst. *mieuls* : *lieus* 24, 805. 142, 1892. II 108, 3666. II 188, 922. M. II 225, 16977; : *dieus* II 312, 55. III 253, 11. M. II 217, 16735; : *cieuls* (ecce illos) II 312, 11; : *hostieus* II 312, 22; : *gentieus* II 312, 60; : *yeus* 107, 711. II 85, 2865. M. 213, 7450; : *orgieus* II 312, 33; *vieuls* : *pensieus* II 390, 17. M. II 360, 21588; : *cieuls* III 45, 1497; : *mieuls* 87, 18; : *lieus* : *mieuls* III 170, 2. M. 111, 3790.

Konsonanten.

1. Velare.

§ 46. ^{c}*ca* und germanisches *k*

gehen in *ch* (*TSH*) über und erscheinen nie in der pikardischen Form *k* (Aucassin S. 59 und 60).

Belege siehe § 47, I 2 bzw. 3.

Hier sei nur angeführt: *reproche* : *il broche* : *il approche* : *broche* (sbst.) III 223, 8; *il approce* : *il broce* M. 115, 3944. M. II 99, 12733.

Wegen *s* für *ch* in *dimensce* (dominica) und *tece* vgl. § 47, IV.

Ueber den velaren Nasal in -*in* vgl. § 48.

2. Palatale.

§ 47. Pikardisches *ch* (*TSH*) neben *s*.

Hierzu vergleiche man besonders die Hallische Dissertation von Oswald Siemt, Ueber lateinisches *c* vor *e* und *i* im Pikardischen, 1881.

Pikardisches *ch* wechselt mit *s* je nach Reimbedürfnis meist in denselben Endungen.

I. *ch*.

Belege für pikardisches *ch* bieten die Reime zu *ch* aus 1) *pj*, 2) *^{c}ca*, 3) germanischem *k*.

In allen drei Fällen sowie auch in II. ist, soweit es möglich war, folgende Anordnung getroffen worden: *^{c}ti^{v}*; *^{c}ce, ci*; *ci^{v}*; *^{v}ti^{v}*, (-itia) -*ece*; (-icium) -*ice*.

1) Reime zu *ch* aus *pj*.

^{c}ti^{v}. *haces* : *traces* II 171, 309; *cace* : *sace* M. 32, 1080. M. 84, 2868. M. 212, 7410; *place* : *sace* M. 177, 6200. M. 206, 7185.

^{c}ti^{v}; *ci^{v}*. *place* : *on sace* : *il entrelace* : *il solace* : *il pourchace* : *il menace* : *la menace* : *il meffacc* : *chace* : *il face* : *la face* : *je parface* II 380, n. 29; *vache* : *liache* : *il sache* : *il face* : *place* (sbst.) : *trace* (sbst.) III 250, 1.

^{c}ce. *a ce* : *sace* M. II 187, 15721.

ci^{v}. *sace* : *face* (vb.) 225, 483. 293, 2446. M. 91, 3122. M. 174, 6100. M. 206, 7201. M. 214, 7486; *embrace* : *sace* M. 145, 4964; *solace* : *sace* M. 153, 5234.

^{v}ti^{v}. *Escoce* : *approce* M. 2, 43. M. 3, 85. M. 19, 621. M. II 268, 18449.

2) Reime zu *ch* aus *^{c}ca*.

^{c}ti^{v}. *ramenbrance* : *branche* 80, 963. II 131, 4409; *science* : *conscience* : *pacience* : *sapience* : *audience* : *obedience* : *semence* : *tence* : *on detrenche* III 254, 6; *empece* : *courece* M. II 17, 9964; *Malebouche* : *je courouce* 76, 799.

^{c}ce. *il perce* : *il cerche* 16, 507; *douce* : *couche* 353, 172; *vache* : *a che garde* III 267, 2771; *douce* : *couce* M. 57, 11287; *sauf ce* : *chevauce* M. II 162, 14887; *Malebouche* : *grouce* 62, 333. II 76, 2585.

ci^{v}, *^{c}ti^{v}*. *vache* : *face* (sbst.) : *chace* (sbst.) : *il face* III 244, 8. III 250, 1; *vache* : etc. vgl. No. 1.

^{v}ti^{v}. *Escoce* : *roce* M. 94, 3200.

-*ece*, *^{c}ti^{v}*, *^{c}ce*. *liece* : *il blece* : *il empece* : *forterece* : *adrece* : *tristece* : *il adrece* : *noblece* : *proèce* : *larghece* : *il courece* : *foiblece* : *vieillece* : *joinece destrece* : *rudece* II 139, 4690; *liece* : *gentilece* : *noblece* : *estce* : *j'adrece* : *largece* : *joinece* : *foiblece* : *adrece* : *tristece* : *il empece* : *il blece* II 288, 112; *richesse* : *liesse* : *est ce* : *noblesse* : *il blesse* : *il seche* : *proesse* : *il adresse* : *haultesse* III 222, n. 13, 2.

-*iche* (-icium). *riche* : *j'afiche* : *Aufriche* : *Osteriche* : *friche* : *nice* : *service* : *dice* 150, 2150.

Zweifelhaft sind: *servisse* : *nice* 47, 1567; *visces* : *nices* 218, 245; vgl. Siemt S. 11 *service*, S. 22 *vice*, S. 27 *niche*.

Wegen *servisce* und *disce* mit *s* (= nfr. *ç*) vgl. II. unter -icium.

3) Reime zu *ch* aus germ. *k*.

^{c}ti^{v}. *samblance* : *blance* 18, 583. II 57, 1922. II 240, 155. M. 100, 3406; *il avance* : *puissance* : *blanche* II 315, 16; *Constance* : *blanche* II 327, 40; *enfance* : *Blanche* : *France* : *puissance* : *pance* II 340, 24; *orde-*

nances : *blances* M. II 318, 20172; *franche* : *penitence* II 249, 100; *franche* : *acointanche* III 174, 26.

^{e}ce. douce : *touche* 197, 3744. M. 44, 1502; *douce* : *bouche* : *touche* 353, 172. II 23, 760. II 26, 886. II 296, 167.

ci^v. blanche : *lance* 195, 3654; *Blanche* : *France* II 340, 25. -*ece. teches* : *gentileces* 89, 81; *proeces* : *teces* M. 129, 4421; *fresche* : *il adrece* : *tristece* : *liece* 353, 164.

-*iche* (-icium). *riche* : *serviche* II 31, 15. M. 62, 2110. M. II 152, 14543; vgl. auch II. unter -icium.

niche : *riche* 89, 57. 240, 872. II 186, 835. M. II 92, 12483; vgl. II. unter -icium.

II. *s* (= *ç*).

^{c}ti^v. je pense : *loquensce* : *reverensce* : *prudensce* : *residensce* : *obediensce* : *diligensce* : *pacience* 141, 1847; siehe auch IV.; *je pense* : *sentensce* 179, 3126; *je pense* : *reverense* : *prudcnse* : *excellense* II 286 55; *danse* : *ordonansce* 119, 1124; *presence* : *il pense* II 410, n. 49. M. 19, 637. M. 210, 7338; vgl. hierzu Siemt S. 33; *courous* (acc.) : *vous* 198, 3776; *volentiers* : *tiers* (acc.) II 163, 33; *estrace* : *je trouvasse* III 77, 1; vgl. Siemt S. 30 C, bzw. S. 32, 2, bezw. S. 29 B.

Ferner ist hier die 1. sg. praes. ind. einiger Verben zu erwähnen. *kas* : *je pourkas* 215, 133; *je sens* : *sens* II 151, 5088. III 221, 9. III 233, 21; *je sens* : *assens* II 153, 5150; *j'assens* : *sens* II 128, 4334. II 134, 4521; *je sans* : *tamps* II 301, 118. M. 27, 887. M. II 157, 14696.

^{e}ce. deesse : *estce* (esse) 102, 535; *doulx* (acc.) : *nous* III 45, 1513.

ci^v. lasse (laqueum) : *je lasse* (lasso) II 216, 3; *passe* : *il effasce* II 202, 267; *solas* (acc. sing.) : *ne pas* M. II 24, 10135. M. II 153, 14563.

-*ece.* Wie *lace* zu *lasse*, *ice* zu *isse*, so ist wohl auch *ece* zu *esse* zu beurteilen. Eine Suffixvertauschung ist zwischen *ece* und *esse* aus griechisch ιϭϭα demnach wohl nicht unbedingt anzunehmen. Besonders *Boece* : *felonesse* : *princesse* III 218, 1 spricht dagegen, denn bei *Boece* ist eine Suffixvertauschung mit *esse* ιϭϭα nicht wahrscheinlich. *richesces* : *deesses* 99, 429; *jonesce* : *cesse* (impr.) III 33, 1097.

-*isce*, -icium und propitium: [vgl. Siemt S. 10 u. 11, S. 21 u. 22, S. 26 (*prospisse*)].

servisce ist das einzige Beispiel, das mit *iche* und *isse* gesichert ist. Vgl. I 2 und I 3 zu: *servisce* : *je presisse* 76, 813; *servisse* : *j'obeisse* M. II 244, 17618.

Unsicher ist *prejudisce* : *il disce* 113, 900 wegen *prejudisce* : *g'isse* : *il garisse* : *prospisce* 151, 2200; *propisce* : *je peuisse* : *prejudisce* : *je fesisse* : *il finisse* : *ediffisce* 172, 2886.

Wegen *dice* vgl. IV.

Aufser *prospisce*, *servisce*, *prejudisce* und *edifisce* sind noch *offisce*, *sacrifisse* und *benefisce* mit *isse* zu belegen: *il souffisse* : *offisce* II 150, 5050; *offisse* : *envaïsse* M. II 289, 19154; *j'euïsse* : *sacrifisse* 2, 19; *benefisces* : *tu desisses* II 225, 185.

III.

gratiam, spatium, efficacem sind nur mit c ($= SS$) zu belegen. Vgl. Siemt S. 18—21 und Tobler, Aniel S. XXI. *grasce* : *on lasse* II 125, 4222; : *on passe* II 187, 887. M. 84, 2860; : *masse* II 202, 271; II 225, 181; : *grasse* (grassum) II 233, 449; *grasse* : *il brasse* M. 21, 699; *espasses* : *tu compasses* III 75, 739; : *on passe* : *espasse* : *grace* : *espace* : *il compasse* : *espasse* III 183, 7; : *estrace* : *grace* : *je trouvasse* : *je monstrasse* : *on passe* III 77, 1; *efficace* : *grasce* 54, 21; II 239, 131.

IV.

Eine Ueberentäufserung liegt wohl vor in *dimensce* (dominicam), *tece* und *disce* (dicat), die mit *s* anzusetzen sind und doch nur *k* oder *ch* haben sollten.

168, 2758 *il pense* : 66 *abstinence* | : 67 *loquense* : *violense* : *audiense* : *difference* : *sentensce* : *il tensce* : *dimensce* | : 75 *dispense* (ipr.) : *il mespense* : *conscience* : *silensce* : *il recense* : *la cense* : *obediensce*; — dagegen: *dimence* : *il mence* (mentiat) 188, 3424; *semence* : *je mence* : *je recommence* : *il tence* : *dimence* : *il recommence* II 38, 1294.

tece. deesse : *maistresse* | : *noblece* : *il blece* : *esce* (?) | : *esce* : *tece* : *flece* 136, 1703; — aber *teches* : *gentileces* 89, 81; *proeces* : *teces* M. 129, 4421.

il mal disce : *prejudisce* 113, 900, vielleicht Neubildung nach *finisse*; — dagegen *riche* : *je m'afiche* | : *Aufriche* : *Osteriche* : *friche* | : *nice* : *servisce* : *dice* 150, 2150; cf. § 63.

§ 48. *g* + Nasal.

I. *g* ist stumm in *dragme, benigne, digne, signe, orine* und in *benin*. *dragme* : *ame* II 388, 15; : *dame* 210, 4187; : *esclame* II 255, 307. -*igne*. *enlumine* : *digne* : *signe* : *benigne* : *fine* II 157, 5301. II 211, 49; *signe* : *cousine* M. 16, 529. M. 67, 2289. M. 76, 2602; *signe* : *espine* : *chemine* : *benigne* : *digne* II 380, 3; *digne* : *benigne* : *feminine* 150, 2163; *benigne* : *fine* : *signe* II 107, 3625; *benigne* : *doctrine* III 47, 1599; *benigne* : *roïne* III 180, 11; *benigne* : *Hermondine* M. 2, 55; *digne* : *medicine* III 44, 1469; *digne* : *disne* III 49, 1671; *encline* : *signe* II 118, 4003; *orine* : *roïne* II 96, 3252. Auch einige rimes annexées sind hier zu nennen: *signe* | *si ne* II 118, 4005. II 380, 3; *digne* | *di ne* II 380, 15.

Man vergleiche zu *signe* und *digne*: *ensegne* : *espargne* II 55, 1866; *ensegne* : *pregne* : *estragne* : *accompagne* : *adagne* (von dignor) : *plaigne* II 198, 145.

benin : *feminin* 149, 2128; : *devin* : *cemin* II 346, 8; : *medecin* II 377, 19.

II. *estragne* neben *estrange* wird gesichert durch *je pregne* : *estragne* II 198, 146. Dagegen *eschange* : *estrange* 115, 959.

§ 49. *l'* und *l*.

I. *l'* scheint in *l* übergegangen zu sein in *peril, fille, julle*, in *keneule* neben *kenoulle* und zum Teil auch in den Endungen -*el'* und -*elle*.

peril : *vient il* : *soubtil* : *gentil* 140, 1831; M. 53, 1797. M. 172, 6034; : *oïl* II 425, n. 102; : *vaut il* : *soutil* : *nombril* : *bril* ; *avril* III 212, 1; *fil* : *il* M. II 296, 19406; — *fille* : *cille* (*celle*) 277, 1896. M. 55, 1858. M. II 122, 13495; : *inficilles* II 241, 201; *filles* : *isles* M. II 299, 19508; — *julle* : *nulle* 283, 2128; *jule* : *mule* M. II 111, 13139; — *keneule* : *esteule* II 222, 83, daneben *kenoulle* : *il moulle* 267, 1650; — *-el'*. *je m'esseil* : *frefeil* : *oeil* : *cel* II 372, 18; — *-elle*. *despareilles* : *merveilles* : *celles* : *belles* : *masselles* : *vermeilles* : *conseilles* : *traveilles* 156, 2339.

II. Umgekehrt scheint *l'* für *il* eingetreten zu sein in *candeille*, denn II 385, 2 ff. wird *-eille* von *-elle* als besonderer Reim unterschieden und *candeille* mit *-eille* gebunden. Wegen *l'* in *tu voes* : *esquoes* II 177, 543 vgl. *escoeil* : *je recoeil* 201, 3863. II 202, 244 und § 42 II.

candeille. *merveilles* : *pareilles* : *despareilles* | *querelle* : *renouvelle*; *trelles* : *oreilles* : *bouteilles* | *nouvelle* : *renouvelle*; *vermeilles* : *candeilles* : *veilles* | *rocelle* : *renouvelle* II 385, 2; : *pareille* : *nonpareille* II 422, n. 92; : *il se touelle* 57, 133; sonst *toueille* II 222, 63. II 384, 9.

3. Dentale.

§ 50. Assimilation

des Dentals an folgendes *r* zeigen *pourre* : *secourre* II 91, 3068. II 123, 4144; *quarres* : *barres* III 42, 1413. Vgl. *parres* = parlerez II 191, 1002; *parra* = parlera III 121, 1.

§ 51. *t.*

I. Aufser in der 3. sg. pf. auf *-it* und in *fut* (lat. fuit) und aufser in den Verbalformen auf *-at*, nämlich in der 3. sg. pf. auf *-at*, in *at* (habet) und in der mit habet zusammengesetzten 3. sg. fut. trat der Abfall des auslautenden *t* (vgl. Suchier Reimpredigt 1879 S. XIX—XXIV) in folgenden Fällen ein:

1) hinter dumpfem *e*,
2) hinter Konsonant,
3) hinter verstummtem Konsonant,
4) hinter Konsonant, der mit dem vorhergehenden Vokal zu einem Diphthongen verschmolz,
5) hinter Vokal (gelehrt).

1) vgl. § 60 II;
2) *il crient* : *je tient* II 282, 184, vgl. § 59, 5; *en* : *enten* (impr.) III 37, 1231; *estanc* : *sieuant* M. 12, 383; *blanc* : *durant* M. II 163, 14907; *cours* : *court* III 133, 1184;
3) *il doit* : *je voi* 208, 4118; *faudestoet* : *estoet* II 168, 227; *tos*(*t*) : *repos* : *cols* 205, 4013. M. 65, 2226. M. 214, 7474. M. II 53, 11139; *mai* (Mai) : *may* (met, impr.) III 31, 1027; *mai* (Mai) : *je may* (met) III 67, 496; *je may* (met) : *may* (Mai) : *esmay* : *j'amai* III 81, 7.
4) *atrai*(*t*) : *je trai* 180, 3151; *atrai* : *gai* 204, 3962; *Escondit* : *ennemit* 234, 721; *contredi* : *je di* (prs.) II 167, 181; *je tressaut* : *assaut* II 259, 108; *petit* : *jolit* M. II 86, 12253;
5) *ami* : *de fi* II 144, 4867.

Vielleicht darf hier auch noch die Verstummung des t in est ce, $tout$ ce und ot ce erwähnt werden, obwohl t hier nicht mehr direkt im Auslaut steht: $deesse : esse$ (estce) 102, 535; $Jonesce : esce$ II 119, 4014; $esce : j'adrece$ II 288, 116; $proece : esce$ M. 217, 7580; $douce : tout ce$ III 28, 935; $Escoce : ot ce$ M. 7, 223. M. 15, 497. M. 24, 799. M. II 70, 11734.

Ob $tost$ sowie auch $Crist$ zu No. 2 oder 3 gehören, läfst sich nicht genau bestimmen. $Cris$ könnte vielleicht auch die Nominativform sein (§ 52), welche in den Accusativ eingedrungen ist. Vgl. § 51 über Verstummung des s.

$Jhesucris : dis$ II 321, 81; $Jhesucris : gentils$ II 323, 68. M. 106, 3632. M. II 66, 11583; $Crist : escrips$ 177, 3039; aber besonders il $fist : Crist$ 163, 2590 spricht dafür, dafs in obigen Accusativen die Form $Crist$ anzusetzen ist.

II. Erhaltung des isolierten t zeigen die Reime $laissiet : il siet$ II 128, 4336; $penset : il scet$ II 227, 259; $escript : mentit$ (ptc.) M. 64, 2176.

§ 52. s.

I. Verstummung des s.

1) s vor Konsonant ist stumm.

$sl.$ $isles : villes$ M. II 69, 11696; $: filles$ M. II 299, 19508.

$sm.$ $blasme : fame$ 361, 454; $: fame$ (feminam) II 388, 8; $: flame$ II 159, 5373; $: dame$ II 285, 2. III 34, 1123. III 36, 1191. M. 14, 439. M. II 55, 11200. M. 139, 4756; $blasmé : amé$ 89, 89; $il pasme : flame$ 159, 2446; $: reclame$ II 197, 105. II 291, 205; $pasma : ama$ 85, 1128; $baptame : entame$ II 285, 11; $quaresme : escame$ 92, 185; $esme : dame$ 193, 3602.

$sn.$ $il disne : roïne$ II 339, 3. M. 30, 1006. M. II 75, 11892. M. II 145, 14283.

$st.$ $doubte : Pentecouste$ M. 78, 2648; $escript : il prit$ (prist) 270, 1738; $promist : descrist : assist : dist$ (pf.) $: prist : mist : esprist : estrit$ 134, 1636; $il souffist : fist : de fit$ (§ 50, 5) $: il dit$ (prs.) $: esjoïst : resjoïst : remplist : prist : nourist : assouvist : vit : escrit : esperit : mist$ II 304, 185; $prist : escrit$ M. II 150, 14469.

$str.$ $mestre : mettre$ 285, 2202; $: lettres$ 342, 3862; $estre : lettre$ 112, 889. 115, 965. M. II 115, 13287; $je moustre : oultre$ 287, 2248. 334, 3681. M. II 199, 16148.

2) s im Auslaut scheint auch schon zu verstummen; hinter Konsonant: $cours$ (cursum) $: court$ III 133, 1184; $j'ensegne et dis$ (prs.) $: dis$ (dictos) III 31, 1039; vgl. § 50, 4; hinter Vokal: $je plaindi : je di$ (pf.) 3, 73; $ensi : je murdri$ (prs.) 359, 378; $entailliés$ (acc. pl.) $: lié$ (acc. sg.) II 195, 33.

II. Reime zwischen Wörtern mit stimmhaftem und stimmlosem s sind nur: $fuissent : nuisent$ II 124, 4192; $cognoissent : aquoisent$ M. II 330, 20568, denn zu dem Reim $il avenisse : Venise$ 239, 838 ist zu bemerken, dafs dem heutigen $Venise$ im Mittelalter $Venice$ entspricht, vgl. Prise d'Orange 624, Charroi de Nênies 1187.

§ 53. *ts*.

Die Dentale *c* und *z*.

I. Inlautendes $c = TS$ ist nicht vorhanden, sondern wird durch *ch* oder *s* ersetzt. Vergl. § 47 I—III.

II. Ebenso findet sich für $z = ts$ im Auslaut stets *s*.

1) Lat. nom. ^vx, acc. ^vcem. *brebis* : *oïs* : *assis* II 320, 44; *brebis* : *pays* : *lys* II 332, 11; *brebis* : *promis* II 349, 34; *fois* : *bois* 191, 3518. II 166, 155; *fois* : *rois* : *trois* 311, 3042. M. 18, 601; *nois* : *enois* 94, 239; *pais* : *expres* 233, 714; *pais* : *gais* : *jamais* II 141, 4776. M. 119, 4082. M. 124, 4229. M. 182, 6354; *vois* : *trois* 44, 1449 u. 63; *vois* : *fois* : *anois* : *courtois* 136, 1687. 175, 2966; *vois* : *fois* : *bois* 349, 32. II 204, 313. II 207, 405. M. 202, 7047; *vois* sonst noch 46, 1525. 265, 1572. 276, 1954; 252, 1167. 294, 2472; 290, 2322; III 17, 531. III 31, 1037. M. 222, 7740.

2) $^vti^v$. *depuis* : *puis* (puteum, acc.) II 223, 95; *je puis* : *puis* (acc.) III 264, 2687.

3) $^eti^v$ (acc.). *courous* : *vous* 198, 3776; *volontiers* : *tiers* II 163, 33.

4) ^ece (acc.) *doulx* : *nous* III 45, 1513.

5) ci^v (acc.). *solas* : *ne pas* M. II 24, 10135. M. II 153, 14563.

6) *lts* aus *l's*. Beispiele siehe §§ 31. 34. 37. 40. 43. 45.

7) *t* (*d*) + *s*. *revenus* : *Papirus* 167, 2703; *plus* : *issus* 356, 276; *dessous* : *espous* II 169, 259. Fernere Beispiele siehe § 57.

8) *st* + *s*. *mes* : *pres* (prests) II 251, 178; cf. § 57.

§ 54. *n*.

I. -*mps*, -*mpt*- und -*mg*- (*mdzh*) sind schon längst in -*ns*, -*nt*- und -*ng*- übergegangen, doch wird meist noch -*mps*, auch -*ms*, und -*mpt*- geschrieben. *tamps* : *sentans* 177, 3053. 258, 1322. 280, 2032. II 139, 4686. M. II 64, 11530. M. II 184, 15644; : *jetans* 321, 3387; : *amans* 362, 500; *tems* : *entens* 89, 78; *tans* : *enfans* II 191, 1031. M. II 317, 20106; *champs* : *commans* II 147, 4963; : *enfans* II 341, 4; : *chans* (cantos) III 11, 345. M. 3, 83. M. 188, 6579. M. II 135, 13949; *temple* : *contente* 27, 884. II 354, 46; *compte* : *honte* II 414 n. 64; : *honte* : *monte* III 214, 1. II 228, 273. III 32, 1075. III 219, 28. 95, 291; *estrange* : *eschange* 115, 959.

II. Den Abfall des *n* zeigen *jour tour yvier enfer*. Vgl. Suchier Reimpredigt XXIV und XXXVII/VIII.

amour : *jour* : *estour* : *tour* 37, 1240; vgl. § 9; *tour* : *estour* M. 39, 1292; *yvier* : *prisier* II 307, 31; vgl. § 5; *vair* : *enfer* 152, 2214.

Man vergleiche hierzu die Nominative *jours retours yvers enfers* und die Verbalformen auf -*ms* und -*mt* (vgl. auch § 59, 7). *jours* : *amours* : *cours* III 5, 134; *retours* : *coulours* III 54, 72; *yvers* : *ners* 147, 2059; *enfers* : *sers* 147, 2064; — *je dors* : *corps* 86, 1159; *il dort* : *recort* II 255, 302; *il dort* : *mort* II 418 n. 77.

§ 55. *r*.

I. *r* fehlt im Auslaut bei *vregie* und *legai* (= legier). *vergie* : *congit* 42, 1403; *vregie* : *vregit* (partic.) II 195, 25. M. II 322, 20278;

legai : *j'ai* 119, 1112; — doch *vergier* : *herbergier* III 13, 399. III 45, 1507.

II. Da der Laut *r* flüchtiger als andere Konsonanten ist, so wird er auch im Innern des Wortes oft nicht beachtet.

1) Kons. + *r* : Kons. *oevre* : *prueve* 70, 615; *oevre* : *troere* 75, 757. 113, 901; *enyvre* : *arrive* 156, 2233; *barbe* : *arbre* 267, 1643; *celeste* : *estre* II 35, 1190.

2) *r* + Kons. : Kons. *larme* : *esclame* 139, 1773. II 285, 6; *larme* : *dame* 187, 3400. 290, 2320. 291, 2362; *armes* : *dames* II 170, 277. M. II 101, 12770. M. II 200, 16178. M. II 308, 19800; *alarme* : *dame* II 419 n. 82; *ourme* : *omme* 141, 1873; *orges* : *orloges* II 222, 77; *ensegne* : *espargne* II 55, 1866; *siecle* : *cercle* II 5, 131; *resort* : *soit* III 184, 17; *hours* (*houls*) : *fours* II 344, 38.

Zu erwähnen ist endlich noch die Assonanz: *Helainne* : *repaire* II 347, 43.

4. Labiale.

§ 56. *p* (*b*).

I. *p* (*b*) vor *t* und *s* aus *ts* ist stumm. *doubte* : *toute* 156, 2359. 180, 3162. 211, 11. 359, 380. M. 15, 477. M. 38, 1270; *doubte* : *il boute* II 169, 247; *faittes* : *debtes* II 227, 237; *desoubs* : *espous* II 169, 259; *tous* : *desoubs* III 22, 706; *dittes* : *escriptes* 253, 1195. II 266, 107. M. II 150, 14452. M. II 319, 20202; *opposite* : *Egypte* II 210, 20; *hermitte* : *Egypte* II 265, 99; *escript* : *il prit* 270, 1738; *escrips* : *je pris* 287, 2236; *Crist* : *escrips* 177, 3039.

II. *pl* ist zu *ul* geworden in *esteules* (stipulas) : *keneules* II 222, 83.

§ 57. *v* (*f*).

iv ergiebt *ieu*, doch geht besonders -ivus häufig in -*is* über. *vivus* (*vivos*) lautet stets *vis*.

Die Beispiele für *ieu* siehe § 13.

-*is*. *je fis* : *pensis* 253, 1213, sonst stets *pensieus*; *massis* : *assis* 42, 1409. 253, 1183. 315, 3180. III 42, 1409; *quetis* : *quatis* II 223, 113; *chetis* : *vis* (visùm) II 311, 38; : *gris* II 315, 31; : *mis* II 350, 49; *jolis* : *lys* 2, 51; II 243, 283; : *assis* II 314, 1; : *vis* (visum) II 348, 7; : *delis* III 263, 2647; : *je fis* M. II 301, 19594. M. 18, 585.

-*if*. *au vif* : *je vif* 111, 827.

Das Femininum zu *jolis* lautet *jolie* : *je die* II 204, 319; *jolie* : *il lie* 114, 926; *jolies* : *folies* M. 88, 2988.

§ 58. Stammauslaut.

Verhalten des Stammauslautes beim Antreten des flexivischen *s*.

Die Stammauslaute *c g ch* (= *TSH*) *t d st p f* (*v*) schwinden vor *s*.

c. *pars* (*c*) : *pars* II 37, 1264. II 196, 51; *ses* : *fais* II 142, 4777; *estocs* : *parclos* II 146, 4906; : *os* II 248, 75; *frans* : *seans* II 148, 4979; *blans* : *champs* II 341, 16; *echés* : *exprés* M. 268, 9331.

g. *loncs* : *alons* 50, 1678; : *blons* 107, 713. 165, 2628; : *volons* 166, 2685. III 152, 11; : *pigons* 310, 3031; : *raison* II 197, 106; : *donons* II 351, 8.

ch (s? § 47, II.). *douls* : *nous* 118, 1063; : *vous* 84, 1094. 99, 417. 165, 2638; : *tous* II 141, 4762; *dechaus* : *travauls* II 210, 15; *bras* : *draps* 251, 1135; : *cras* M. 71, 2428. M. 117, 3998. M. 212, 7392; : *Hermonias* M. 196, 6834; M. 76, 2594; *solas* : *las* II 131, 4429.

t. *estas* : *mas* : *cas* 355, 260. M. II 310, 19880; : *tu as* II 158, 5326; : *bas* II 229, 315; *mos* : *repos* 205, 4018; : *rosignols* II 207, 411; *desesperes* : *res* 8, 516; *dures* : *grasses* : *ges* II 251, 163; *fais* : *Cleomedes* 107, 705; *depis* : *pis* II 122, 4126; *subjes* : *ces* II 252, 185; *escrips* : *je pris* 287, 2236; *Crist* : *escrips* 177, 3039; *chaus* : *faus* II 241, 185; *contens* : *tamps* 347, 3888; *esbatans* : *tamps* II 12, 4010; *descendans* : *tamps* II 20, 4288; *enfans* : *printemps* II 237, 53; *parts* : *espars* II 164, 57; *regars* : *quars* : *ars* III 151, 12.

d. *grans* : *francs* II 225, 169. II 226, 209; *blons* : *lons* 107, 713. 165, 2628; : *nons* : *sons* II 352, 57.

sts. *pres* : *màis* II 251, 178; : *expres* M. II 51, 11077. M. II 262, 18255. M. II 204, 16302.

p. *draps* : *bras* 251, 1135; : *auras* II 326, 71. M. II 80, 12048; *cops* : *mos* II 249, 89.

f (v). *gries* : *aidiés* 146, 2016; ¯*ners* : *ahers* : *servs* 147, 2060; *sers* : *couvers* III 217, 22; *sers* : *je dessers* 79, 911. -*is* siehe § 56.

II. Silbenzählung.
(Besonders Verbalformen.)

§ 59. Inlautendes unbetontes *e* vor Vokal hat in den meisten Fällen noch Silbenwert, doch ist die Zahl der Kontraktionen schon sehr beträchtlich; so sind z. B. bei -atorem die Fälle mit verstummtem *e* bei weitem überwiegend (vgl. § 9 II. 2 c.).

Ueber das Nähere vergleiche man die Dissertation von Franz Blume: Metrik Froissarts. Greifswald 1889.

Das Verhalten der Verbalformen, in denen *e* vor dem Vokal der Endung steht, mufs hier wegen der Formenlehre einer besondern Betrachtung unterzogen werden.

Infinitiv.

veoir erscheint unkontrahiert 6, 157. 68, 533 ... M. II 73, 11820. M. II 202, 16230. M. II 314, 20006 und kontrahiert 69, 568. II 322, 20 ...; *seoir* nur unk. 32, 1069. III 50, 1683 ...; *assir* nur k. II 186, 826 ...; *cheïr* nur unk. 201, 3888. 60, 240 ... M. 100, 3432. M. 101, 3442. M. II 202, 16230. M. II 206, 16380. M. II 314, 20006; *obeïr* nebst allen Formen nur unk. 4, 88 ... M. 56, 1890; *benir* tritt nur einmal auf und zwar k. 158, 2416.

Der Vokal der Endung, ob oi oder i, läfst sich nur in folgenden Fällen sichern:

Unkontrahierte Formen. *veoir* : *avoir* II 280, 131; *veoir* : *voir* (adv.) M. II 73, 11820; *veïr* : *desir* 358, 369; *veïr* : *plaisir* M. 77, 2626. — *seoir* : *voir* (verum) II 237, 74. — *escheïr* : *enhardir* II 387, 5.

Kontrahierte Formen. *voir* : *savoir* III 13, 403; *vir* : *servir* 69, 567. — *benir* : *tenir* 158, 2416.

Präsens.

1. pl. *veons* nur unk. 295, 2501 ...; 2. pl. *vees* unk. 46, 1520 ... M. II 18, 9940; k. 18, 570 ...; ~*cres* nur k. zweimal II 123, 4161. II 166, 149.

Imperativ.

2. pl. *vees* unk. einmal 32, 1049, sonst *ves* II 57, 1918 ..., das meist ohne *s ve* 122, 1210 ... erscheint und mit *ci* und *la* zu einem Worte verbunden ist: *veci* 10, 319 ...; *vela* II 325, 44 ...; 2. pl. *crees* einmal unk. II 125, 4208; *cres* dreimal k. 359, 378. II 60, 2025. M. II 275, 18682.

Participium Präsentis.

veant 57, 137 ..., *seant* 197, 3727 ..., *creant* II 156, 5268 ..., *cheans* II 221, 30 sind unkontrahiert.

Perfektum.

(Endungsbetonte Formen.)

1) $e + i$.

cheoir hat nur unkontrahierte Formen,

veoir nur zwei (?) kontrahierte Formen: *tu vis* III 45, 1506; *je reuisse* : *je sceuisse* II 24, 784 (?). Einige stammbetonte Formen haben ein unorganisches *e*: 1. sg. pf. *vei* 352, 135. II 348, 3; 3. sg. *vei* II 91, 3047. M. 115, 3936. M. 135, 4605; 3. pl. *veirent* II 62, 2123.

asseoir erscheint nur zweimal und beidemal kontrahiert: *asseins* 119, 1108. II 87, 2943.

faire hat eine kontrahierte Form: *tu fis* III 25, 801.

Der Hiatus *e/i* in *fe/is* ... ist, in der Niederschrift wenigstens, zum gröfsten Teil durch Formen mit *s*, *fesis* ..., vermieden.

Dasselbe gilt von *dire*, das nur unkontrahiert erscheint, und von *mettre*, das wieder eine Kontraktion aufweist: *vous amissies* III 134, 1231; *prendre* tritt nur unkontrahiert und nur mit *s* auf.

In Analogie zu diesen Formen mit *s* zeigen einige Perfekta der zweiten und dritten schwachen Konjugation neben den regelmäfsigen Formen solche, in denen die Silbe *es* eingeschoben ist.

2. Konjugation. *il deffendesist* II 68, 2313; *je rendesisse* 151, 2197.

3. Konjugation. *partesimes* 118, 1066. 119, 1128; *partesistes* M. 149, 5105. M. 204, 7129; *partesisse* II 35, 1192; *sentesist* III 152, 26; *souffresistes* M. 204, 7129; *deservesistes* M. 242, 8414.

Anders sind wohl die Perfekta *j'ecrisi* 113, 922 ... und *je lisi* 108, 742 ... zu beurteilen, die mit einer Ausnahme: *elle lut* : *elle reçut* 114, 950 in dieser Form erscheinen. M. 64, 2192. M. 66, 2246. M. 174, 6112.

2) *e + ü.*

Hier sind die Participia Präteriti gleich mit einbegriffen. *avoir* hat schon mehrere kontrahierte Formen, doch ist ihre Zahl noch gering. Kontrahiert sind *eumes* einmal III 186, 1601; *eustes* einmal III 148, 1; *eusse* 96, 302 ...; *eusses* einmal II 224, 134; *eust* III 191, 1770 ...; *eussies* (2. pl.) einmal III 263, 2664; *eu* einmal III 76, 784.

Wie mit *avoir* verhält es sich auch mit *pouvoir* 120, 1146 ...; *savoir* II 167, 178 ...; *devoir* III 98, 26 ...; *croire* III 151, 3; *connaistre* III 263, 2669 ...; *percevoir* 252, 1160 ....

plaire zeigt nur unkontrahierte Formen.

Bei allen diesen Verben, besonders häufig bei *avoir*, doch nicht bei *croire*, tritt für *eu* das dialektische *eui* ein. Z. B. *j'euisse* : *sacrifisse* 2, 19; *j'euisse* : *rendesisse* : *deuisse* : *prejudisce* 151, 2196; *je reuisse* : *seuisse* II 24, 784; *je meïsse* : *sceuisse* III 127, 999; *il peuist* : *veist* 131, 1139.

Participium Perfekti.

veu ist nur zweimal kontrahiert II 89, 3000. III 262, 2637.

leu zeigt neben mehreren unkontrahierten Formen *le/u* eine kontrahierte Form *lut* im Innern des Verses. Doch kann für *lut* auch *lit* gesetzt werden, das durch folgende Reime gesichert ist: *benite* : *estite* II 210, 72; *dit* : *eslit* III 171, 4; *eslit* : *proufit* III 171, 25 und zweimal im Innern des Verses erscheint: *lit* 108, 737; *parlit* II 231, 736.

le/u. *leus* : *cognaus* 339, 3794; *esleus* : *vertus* III 185, 10; *veu* : *leu* III 260, 253; *leu* im Verse II 230, 366.

lut im Verse 85, 1120.

Einmal begegnet *eslieu* : *lieu* (locum) III 190, 1712; vgl. Ztschr. f. rom. Philol. II 270 ff.

Das Participium von *benir* lautet kontrahiert *benit*, unkontrahiert *beneoit*. *benite* : *merite* 154, 2286; : *estitte* II 210, 27; *beneoit* : *rois* 175, 2983; : *il pourvoit* II 362, 38; : *endroit* III 148, 17.

III. Zur Formenlehre.

1. Verbum.

Präsens.

§ 60. Die 1. sg. ind.

erscheint noch sehr oft ohne ein flexivisches Zeichen. Daneben ist das unorganische *e* besonders häufig in der 1. schwachen und *s* in allen Konjugationen. Die Formen mit *c* und *t* gehören wohl dem Schreiber an.

1) Ohne Flexionszeichen.

Die 1. Konjugation.

*r. j'aour : ardour 174, 2937; 205, 4000. II 130, 4390. II 196, 82; je jur im Verse 69, 553 u. 563. M. 42, 1425. M. II 354, 21387; je desir : aïr 7, 201; III 242, 22; je tir : resjoïr 208, 4102; II 53, 1790; je remir : poursievir II 355, 10; j'espoir : noir 130, 1486. M. 61, 2066.

*s. je devis : devis II 133, 4505; : avis 13, 425. M. 21, 691; je pris : pris (sbst.) II 127, 4278; je pos : pourpos (sbst.) III 26, 852; je repos : repos (sbst.) 78, 866; je pourpos : pourpos (sbst.) 339, 3820; j'os : mignos II 203, 304; : pourpos (sbst.) II 206, 404. II 248, 63; : bos II 125, 4238; : los III 31, 1013.

*l'. je veil : traveil (sbst.) 1, 10; je traveil : conseil (sbst.) II 372, 7; je conseil : consel (sbst.) 268, 1686. 306, 2888. III 34, 1114. M. 57, 1928. M. II 133, 13889. M. II 362, 21636; je merveil : traveil (sbst.) III 26, 859; je m'esmerveil : traveil (sbst.) 148, 2093.

*m. j'aim : certain 153, 2244; : main 184, 3302; im Verse 145, 2003. 170, 2825. III 1, 13. III 3, 54.

*t. je regard i. V. 275, 186; je vant : servant II 121, 4098; : avant II 136, 4605. M. 204, 7138; : devant II 145, 4893; : maintenant II 322, 41; je creant : tant II 234, 471; : avant II 322, 71. M. 178, 6248; je commant : avant M. II 246, 17708. M. II 235, 17337.

-i. je certefi : je m'affi : je glorifi : enhardi (ptc.) : otri (sbst.) 169, 2793; je certefi : j'affi : ennemi II 290, 176; : merci 13, 396; je pri : ensi 37, 1235. 219, 87. 220, 310. 355, 240; : detri (sbst.) 19, 617; : si II 278, 60; : je di 169, 2788. M. 19, 631. M. 50, 1678; je suppli : je vi 5, 139; je casti : bati II 129, 4372; j'affi : de fi II 157, 5291; : mi II 278, 64. 169, 2793. II 290, 176; je cri : je di II 254, 279; je soussi : ossi 306, 2894; je grasci : ensi II 205, 364; je regrasci II 262, 196; j'otri : detri M. 140, 4800.

-oi. j'otroi : arroi M. 107, 3659; je castoi : toi II 172, 367; je larmoi : moi II 223, 97.

-o. je lo : Juno 101, 492.

Die übrigen Konjugationen.

2. K. je croi : moi 353, 184; : toi II 155, 5217. M. 4, 103.

3. K. je recoeil : escoeil 201, 3863. II 202, 244.

1. st. K. je voi : soi 313, 3125; : foi 351, 112. II, 250, 111; : anoi II 18, 576.

2. st. K. je di : depuissedi 21, 675; : j'affi 37, 1221; : merquedi 255, 1258; je quier : humilier II 401 n. 19; : exaucier II 303, 166; : appropier II 383, 25; : dangier 313, 3123. II 415 n. 68; je requier : mestier 218, 251. M. II 311, 19904; je trai : atrai(t) 180, 3151; je vif : au vif 111, 827.

3. st. K. je doi : moi 109, 764; II 155, 5214; je percoi : soi 163, 2570. II 38, 1265; j'aperchoi : soi II 169, 255; je voeil : je soeil : orgoeil II 409 n. 46; : oeil 13, 405; je tien : sien III 6, 177; : maintien II 185, 823. II 188, 913; je retien : je crien : je tien : j'abstien : mien II 294, 82.

Man vergleiche hierzu *je tient* : *il crient* II 282, 184 und auch *je tressaut* : *assaut* II 259, 108; *je sui* : *hui* 88, 25. II 165, 117. II 423 n. 95. III 30, 977. M. 142, 4850.

2) Mit *e*.

$^v r$-. *je demeure* : *heure* 58, 165. 145, 2003. 178, 3075; : *je saveure* II 133, 4493; *je jure* i. V. 73, 714. M. 41, 1383; *je dure* : *j'endure* : *aventure* II 274, 169; *je desire* : *escrire* 322, 3437. M. 55, 1866; *je souspire* : *occire* II 120, 4056; *j'espoire* : *victoire* III 251, 14.

$^v s$-. *j'avise* : *devise* III 108, 5; *je suppose* : *rōse* 335, 3691. M. II 331, 20610; *j'ose* : *chose* 86, 1142. 184, 3290. II 406 n. 30. II 414 n. 63; : *rose* II 396, 5. M. 27, 897; *j'escuse* i. V. 87, 17.

$^v ll$-. *je veille* : *merveille* (sbst.) 1, 2; *je merveille* : *pareille* (adj.) 14, 453; : *merveille* (sbst.) III 42, 1420.

$^v ll$-. *j'apelle* : *belle* II 271, 64; : *loyelle* II 283, 237; : *desloyelle* II 286, 40.

$^v m$-. *j'aimme* i. V. 141, 1848.

$^v n$-. *j'imagine* : *digne* II 211, 51.

$^v ss$-. *je lasse* : *lasse* II 216, 3.

$^{(c)} t$-. *je double* 76, 798 i. V.; *je respite* : *escripte* 322, 3435. 341, 3832.

$^{(c)} d$-. *j'outrecuide* 227, 525 i. V.

$^c d$-. *je recorde* : *misericorde* II 189, 929; *je regarde* : *il arde* M. II 333, 20682.

-*aie*. *j'aie* : *je paie* M. 176, 6180.

-*ie*. *je mendie* : *je die* 114, 935; *je prie* : *compagnie* 42, 1397. : *vie* 160, 2484. M. 181, 6320; : *octroïe* 205, 4016; : *envie* II 291, 215.

-*oie*. *je proie* : *quoie* II 278, 39; *j'esbanoie* : *il anoie* 316, 3207. M. II 309, 19836.

-*ee*. *je m'agree* : *faée* 165, 2649; : *pensée* 174, 2934; : *parée* 182, 3217. M. 66, 2248.

-*oe*. *je loe* : *aloe* 250, 1089.

3) Mit *s*.
Die 1. Konjugation.

$^v m$-. *j'ains* : *mains* (manus) 177, 3043. II 196, 81; (minus) 204, 3986. II 298, 213; (mane + s) II 250, 132; : *ains* 226, 503. III 16, 501; : *fains* II 143, 4836. M. 47, 1579. M. 191, 1588. M. II 361, 21602; *je clains* : *certains* : *j'ains* II 213, 128.

-*rt*-. *je me depors* : *depors* (sbst.) : *je confors* II 261, 172.

-*rd*-. *je regars* : *regars* (sbst.) 61, 283. 342, 3849; *j'acors* : *corps* 108, 719. 308, 2966; : *je dors* II 384, 22; *je recors* : *corps* 77, 839. 262, 1478.

-*nd*-. *je recommans* : *champs* II 147, 4964.

-*o*-. *je los* : *j'os* II 206, 403; : *galos* II 219, 87; : *vos* II 249, 82.

Die übrigen Konjugationen.

2. K. *j'entens* : *contens* 296, 2528; : *temps* 89, 77; *je rens* : *gens* M. II 290, 19182. M. 27, 887; *je prens* : *gens* M. 172, 6042; *je respons*

: *nous sons* 191, 3528; *je remors* : *mors* (mortuus) 157, 2369; : *hors* 4, 109; *je dors* : *corps* 86, 1159; *je dors* : *corps* : *depors* : *je dors* : *j'acors* : *je dors* II 384, 2; *je dessers* : *sers* 79, 911.

1. st. K. *je vois* : *vois* (vocem) II 204, 315.

2. st. K. *je dis* in *j'ensegne et dis* : *dis* (sbst.) III 31, 1039; *j'escrips* : *pays* 313, 3117. M. 27, 895; *je prens* : *rengs* II 239, 127; *je promes* : *mes* II 149, 5004; *je mains* : *mains* (minus) 204, 3985. II 143, 4839. II 298, 213; *je plains* : *complains* (sbst.) II 143, 4832; : *estains* II 119, 4008; : *plains* : *je complains* III 1, 15; *je complains* : *complains* (sbst.) II 196, 76.

3. st. K. *je vauls* : *mauls* 103, 575.

4) Mit *c*.

-*nc.* *je demanc* : *romanc* (acc.) 114, 956, vgl. *romanc* i. V. 114, 947; *j'ainc* 34, 1122.

-*rc.* *je regarc* 67, 489.

5) Mit *t*.

Vgl. 1) 3. st. K., ferner vgl. auch *je may* (met) : *may* (Mai) III 67, 496. III 81, 7. § 50 I, 3.

6) Ohne *s*

läfst sich wider die Regel *je cognoi* und *je fai* nachweisen. *je cognoi* : *je voi* 276, 1958; : *foi* III 2, 25; *je recognoi* : *anoi* II 26, 882; : *soi* II 73, 2491; — *je fai* : *j'ai* M. 244, 8495; *fai je* : *scai je* : *avantage* II 261, 164. Dagegen *je congnois* : *Francois* III 204, 2203; *je connois* : *ennois* III 269, 2849; *je cognois* : *drois* M. 19, 617. — *je fais* *fres* II 141, 4773.

7) Ohne Stammauslaut und ohne Flexionszeichen.

je sejour ohne *n* und ohne Flexionszeichen zeigen die Reime: *je sejour* : *jour* 143, 1932. 83, 1064; *j'atour* zeigt der Reim *j'atour* : *retour* 284, 2166. Vgl. § 53, 2.

§ 61. Die 3. sing. ind.

I. Das *e* der 1. schwachen Konjugation fehlt bisweilen, besonders bei Verben auf *rt* vielleicht in Anlehnung an *il dort* u. s. w.: *il aport* : *le deport* 69, 545; *il port* : *le deport* II 112, 3780; *il confort* : *le confort* 72, 675; *il confort* i. V. 69, 576; *il gart* : *regart* II 124, 4188; *il demant* : *il s'espant* II 215, 190; *il desir* : *querir* II 214, 160.

II. Das *e* der 3. sing. vor Vokal gilt nicht mehr als Silbe: *espoire* 97, 341; *vole* 74, 730; *aime* 64, 371. III 23, 734; *donne* 15, 475; *ordonne* 72, 668 u. 673; *conforte* 84, 1088; *regarde* 136, 1692. M. 199, 6946; *represente* 55, 59; *chante* 72, 668; *pense* 97, 341. 153, 2260; M. 8, 246. M. 9, 301. M. 169, 1510. M. 196, 6858. M. 198, 6923. M. 212, 7407. M. 217, 7563. M. II 3, 9435; ebenso *voeille* 61, 278. Dagegen *salue ce* 136, 1694. M. 41, 1374. M. 49, 1647.

III. Von *laissier layer* gebraucht der Dichter immer die Präsensform *lait*. *lait* : *fuiselet* 70, 596; : *anelet* II 103, 3490. M. 13, 1442; : *rondelet* 27, 881; : *fait* 148, 2076; i. V. 67, 491. 224, 444.

Es seien hier noch einige andere Formen von *laissier layer* erwähnt.

prs. conj. *je laie* : *il paie* : *j'aie* II 418 n. 78; *il laist* i.V. 104, 609.
fut. *je lairai* 85, 1135. 105, 635. 112, 885. M. 71, 2414; *il laira* 132, 1546. M. 35, 1170; *nous laisserons* M. II 1, 9365; *nous lairons* III 49, 1653. M. 32, 1062.
cond. *je lairoie* nur zweisilbig 128, 1439. M. 105, 3598.
prtc. p. *layé* i.V. 177, 3063.
inf. *layer* : *payer* II 123, 4168; *laissier* : *baisier* : *lorier* 138, 1740.
impr. *laissieme!* ^{v} (zweisilbig) M. 48, 1629.

§ 62. Die 1. plur. ind.

von *estre* tritt meist in der kürzern Form auf. *nous sons* : *saisons* 48, 1614; : *li sons* (sonos) 189, 3456; : *barons* II 340, 34; : *blons* II 352, 59; : *je respons* 191, 3528; : *nous passons* II 136, 4607; : *nous cessons* II 243, 263; : *nous partirons* II 316, 52. M. 42, 1432. M. 98, 3346. M. 108, 3686. M. II 77, 11957; — *sommes* : *hommes* M. 74, 2512; *nous sommes* i.V. 362, 40.

§ 63. Der sing. conj.

der 1. schwachen Konjugation ist ebenfalls ohne und mit unorganischem *e* zu belegen.

1) ohne *e*.

-*rd*. *il regard* : *regard* 182, 3224. 183, 3252. 190, 3480. II 257, 19. M. 16, 531.
-*nt*. *il vant* : *devant* II 129, 4356.

2) mit *e*.

1. pers. *je labeure* : *heure* II 192, 1065; *je parolle* : *fole* M. 32, 1060.
3. pers. -*oie*. *il envoie* : *voie* II 244, 299.
-*ie*. *il s'oublie* : *il merancolie* (ind.) 246, 975.
-*oure*. *il oudoure* : *il demoure* II 239, 143.
-*eure*. Alles Reime zu *heure*. *il deveure* II 21, 692; *il demeure* 261, 1414. 296, 2526; *il honneure* 195, 3668; *il pleure* 355, 256; *il saveure* 145, 2014.
^{e}*ti*^{v}. *il adrece* : *fresche* 353, 164.
-*rde*. *il regarde* : *sauvegarde* M. 185, 6490. 25, 131. II 123, 4142.
-*ste*. *il couste* : *jouste* II 175, 451.
-*mpte*. *il compte* : *compte* II 199, 4030.

§ 64.

Statt des gewöhnlichen *die* (dicam dicat) findet sich zweimal *dice*.
1. pers. *je dice* : *riche* : *Aufriche* 150, 2150.
3. pers. *il disce* : *prejudisce* 113, 900.
Sonst aber: 1. pers. *je die* : *estudie* 192, 3564. II 139, 4684. III 74, 711; : *jolie* II 204, 318.
3. pers. *il die* : *maladie* 230, 639. II 119, 4028. II 133, 4481; : *compagnie* 224, 441. 206, 4026.

§ 65.

Für den conj. praes. von *escrire* lassen sich folgende unregelmäfsige Formen nachweisen:

1. pers. sg. *je rescrise : je brise* 342, 3864; : *il lise* 232, 699. M. 73, 2484.

3. pers. sg. *il escrise : devisé* (sbst.) 241, 904. M. II 333, 20680.

1. pers. pl. *escrison : en prison* M. 64, 2184.

2. pers. pl. *vous escripsiés : prisiés* 225, 463. Vgl. auch den impr. *escrisiés : prisiés* (prtc.) II 141, 4767 und das Perf. *j'escrisi : ensi* u. s. w. § 72 III bezw. § 59.

Neben *escrise* findet sich aber auch *il escrie. il escrie : priie* II 147, 4945.

2. Imperfektum.

§ 66.

I. Die 1. und 2. sing. ist im Imperfektum und Condicionale schon ohne *e* zu belegen, doch sind die Fälle immer noch selten.

Imperfektum.

1. pers. *j'amoi : moi* 120, 1151; *portoi je* 238, 802; *cuidoi je* II 28, 936; *disoi je* 118, 1076; *avoi je* 280, 2025. II 68, 2314. II 231, 401; *estoi je* II 230, 356.

2. pers. —

Condicionale.

1. pers. *feroi je* 150, 2157; *poroi je* 262, 1462. II 62, 2095; *sauroi je* 100, 469. 108, 726; *saroi je* 239, 836; *vodroi je* II 51, 1736. II 52, 1759. II 146, 4906. II 206, 388; *auroi je* 128, 1437. III 196, 1929; *seroi je* 268, 1666.

2. pers. *oserois tu* II 312, 11. II 313, 22 u. 33 u. 44. II 314, 55 u. 60; *porois tu* 19, 611; *tu porois* II 174, 417; *deverois* (?) II 29, 972; *serois tu* 172, 2876.

Beachtenswert ist, dafs in allen Fällen mit Ausnahme von 120, 1151 *j'amoi : moi* und II 147, 417 *tu ne porois non* Inversion eingetreten ist.

II. Die 3. sing. impf. der 1. schwachen Konjugation hat die Endung *-oit*. Beispiele § 10 I.

§ 67.

I. Die 1. pers. plur. impf. und cond. wird einsilbig und zweisilbig gebraucht.

Ein zweisilbiges *-iiens* wird durch den Reim gesichert: *estyens : crestyens* 318, 3296; ebenso ein zweisilbiges *-ions*, doch ist das Reimwort hier dunkel: *vorrions : horions* 295, 2522; *porions : horions* M. II 100, 12736. Ein einsilbiges *-ions* steht nicht im Reime.

Imperfektum.

-iiens. soulyens III 161, 19; *estyens : crestyens* 318, 3296.

-i/ons. bourlions 94, 239; *alions* 27, 903. 263, 1494. 44, 1451; *bations* 93, 218. 186, 3340; *cueillions* 44, 1451; *faisions* 94, 238.

3

263, 1496; solions 266, 1600; *volions* II 362, 52; *estions* 93, 208. 119, 1096. 221, 344. III 134, 1213. III 141, 1481. M. 230, 8008; *avions* M. 133, 4533.
-ions, einsilbig: *faisions* 181, 3193.
-iens, einsilbig: *juiens* 91, 159. 93, 197 u. 203 u. 209 u. 220; *laviens* 92, 160; *aviens* II 334, 9.

Condicionale.

-üens. seryens III 138, 1367.
-i/ons. vorrions : *horions* 295, 2522; *porions* 191, 3527. M. II 100, 12736; *arions* II 334, 10. M. 14, 440; *sarions* M. 57, 1932.
-ions, einsilbig: *saurions* II 117, 3952.
-iens, einsilbig: *ariens* 295, 2494. 317, 3244.
Einsilbiges *ie* liegt auch vor in der alten Endung *-iesmes*: *feriesmes* : *vouliesmes* III 66, 445; *vorriesmes* M. 15, 473.

II. Die 2. pers. plur. impf. und cond. ist mit ganz wenigen Ausnahmen einsilbig.

Imperfektum.

-iés, einsilbig: *parliés* : *employés* III 174, 4; *disiés* : *despisiés* : *auctorisiés* III 174, 22; *saviés* III 134, 1219; *aviés* 77, 855; *poiés* M. 51, 1714.

Condicionale.

-i/és. voulriés III 134, 1214. III 276, 3071.
-iés, einsilbig: *ameriés* III 105, 1 u. 4 u. 7 u. 9; *donriés* 76, 816; *feriés* 76, 792. 119, 1120. M. 51, 1714; *veriés* II 222, 69; *mefferiés* 45, 1509; *mettriés* III 106, 37. III 134, 1219; *metteriés* M. 19, 627, vielleicht *mettri/és*; *conquerriés* 76, 813; *poriés* II 124, 4203 u. 6. III 134, 1218. M. 48, 1632; *voudriés* 18, 566. 119, 1120. III 109, 8; *ariés* 45, 1510. M. 39, 1308. M. 48, 1637.

§ 68.

Das Imperfektum von *estre* wird gewöhnlich durch *estoie* u. s. w. gegeben, doch sind folgende Formen aus lat. eram u. s. w. durch den Reim gesichert:

1. pers. sg. *j'iere* : *maniere* 91, 125; : *proyere* II 293, 70; : *derriere* II 369, 19.

3. pers. sg. *il iere* : *premiere* II 83, 2791; : *baniere* II 289, 134; — *il ere* : *amere* : *misere* III 214, 14; — *il ert* : *il sert* 58, 167 (fut.?); 361, 448. M. II 239, 17464; : *souffert* 280, 2048.
Die Silbenzählung ergiebt:
1. pers. sg. *j'ere* 94, 260 . . .
3. pers. sg. *iert* 96, 318 . . .; — *ert* 88, 51. 105, 626. 106, 665 u. 667. 107, 718. 120, 1150 . . .
3. pers. pl. *erent* 88, 38. 100, 466.
Belege für *j'estoie* u. s. w. sind:
1. pers. sg. *j'estoie* : *je tourmentoie* 8, 221; : *je vestoie* 11, 339; : *j'arrestoue* 78, 873; : *j'esbatoie* 164, 2608; : *je partoie* III 41, 1373; : *je dilettoie* III 48, 1612; i. V. 12, 377. 88, 28 u. 39. 94, 261. 98, 384. 119, 1107.

3. pers. sg. *estoit* : *amoit* III 117, 10; *estoit* i.V. 120, 1149.
3. pers. pl. *estoient* : *esbatoient* 160, 2466; : *tenoient* III 20, 645.

3. Perfektum.

§ 69.

I. Auch das Perfektum erscheint schon zum Teil mit unorganischem *s*, andrerseits fehlt *s*, wo es ursprünglich ist. Vgl. § 60, 3 u. 6. *je m'endormis* : *mis* (ptc.) 164, 2614; *je mus* (mui) : *mus* III 17, 555; *je fus* : *refus* III 50, 1694, sonst gewöhnlich noch *fui*: *je fui* : *anui* 128, 1413; : *sui* : *qui* 148, 2083; : *sui* 207, 4081; II 172, 343. — Umgekehrt *je di* (für *dis*) : *je plaindi* 3, 73; *je di* : *puissedi* 346, 3876.

II. Wegen -*eus* -*eut* neben -*oi* -*oc* -*ot* vgl. § 10 II.

III. Die Verba auf -*ngere* bilden Perfektformen auf -*ndi*: *je plaindi* : *je di* 3, 73; *je poindi* : *li* 127, 1395; *je poindi* : *je di* 98, 389; *je joindi* i.V. 177, 3044; *il poindi* : *je resjoi* II 205, 357.

IV. Zu *cloire clore* lautet das Perfektum *je clos* und *je cloï*. *je clos* : *flos* 241, 888; — *je cloï* : *j'encloï* 314, 3160; *j'encloï* : *il oï* 128, 1423; *j'encloï* : *il echeï* II 231, 397; *il cloÿ* : *il falli* M. 28, 938; *il cloï* i.V. 107, 702; — zu *cheoir je cheï*. *il cheï* : *puissedi* M. II, 360, 21568; *il cheï* : *il pourveÿ* M. 115, 3936. M. 135, 4605; *il echeï* : *j'encloï* II 231, 397; i.V. 112, 870. 133, 1605.

V. Die 1. plur. perf. auf -*imes* hat -*ins* neben sich.
-*imes*. *fesimes* 139, 3585; *mesimes* 25, 835. II 167, 173; *venimes* : *rimes* 162, 2538; *venimes* i.V. 28, 905. 30, 1008. 32, 1043. 117, 1059; *venismes* : *meismes* M. II 91, 12435; *partesimes* 118, 1066; *partimes* 42, 1412.
-*ins*. *mesins* 160, 2474; *presins* 119, 1095; *asseïns* 119, 1108; *venins* 44, 1455. 160, 2472.

Vgl. hierzu Suchier in der Ztschr. f. rom. Phil. II 258 Anm. 2.

4. Futurum.

§ 70.

I. Silbebildendes *e* ist zwischen Verschlußlaut oder Reibelaut und *r* im Futurum folgender Verba eingeschoben: *prendre* 31, 1029; *rendre* II 73, 2477; *tendre* 312, 3083; *respondre* II 129, 4375; *plaindre* II 2, 29; *esteindre* 146, 2032; *oindre* 267, 1642; *perdre* 24, 785; *mettre* 122, 1218; *connaistre* 62, 329; *vivre* 360, 418; *poursievir* 350, 61; *avoir* 110, 805; *boire* II 329, 15; *devoir* 45, 1493. III 121, 21; *mouvoir* 59, 226; *recevoir* 294, 2465; *concevoir* II 361, 16. Daneben bestehen die Formen ohne *e*.

II. Den umgekehrten Fall, Ausstoßung des *e*, zeigen folgende Verba der 1. schwachen Konjugation:
-*rr*-. *jurer* 175, 2982. M. 85, 2907. M. 148, 5065; *demourer* II 382, 25. III 58, 177. III 205, 2213. III 279, 3140. M. 55, 1876. M. 82, 2810. M. 96, 3278; *perseverer* 66, 445; *desirer* 332, 3595; *souspirer* 332, 3595.
-*rlr*-. *parler*: *il parra* III 121, 1. II 191, 1002. II 359, 16. 17, 542.

3*

-nr-. *donner* 175, 2986. III 18, 571. III 28, 917. M. 67, 2286; *mener* 42, 1409.

-rnr-. *tourner* 177, 3034 *il tourra*.

§ 71.

Das Futurum zu *estre* lautet *serai* u. s. w., daneben findet sich *iert* und *ert*.

il iert : *il requiert* M. 119, 4075; i. V. *iert* 138, 1752 und *ert* 56, 98; *ert* (fut.?) : *il sert* 58, 167.

serai 66, 445. 69, 552 u. 555. 70, 586. 73, 713. 172, 2876. 268, 1666. II 35, 1187. III 138, 1367; *seras* : *verras* III 33, 1106; i. V. 175, 2978. III 17, 534; *sera* : *perseverra* 66, 445 u. 450; : *adjournera* III 9, 262; : *faulssera* III 16, 493. M. 54, 1830; i. V. 67, 485. 174, 2944 u. 49.

5. Imperativ.

§ 72.

I. Auch die 2. sing. imper. zeigt ein Schwanken zwischen Formen ohne *s* und solchen mit *s*.

1) Ohne *s*.
Die 1. Konjugation.

-aie. *essaye!* : *vraie* III 35, 1170.

-ie. *aïe!* : *aïe* (sbst.) 35, 1170. M. 142, 4846; *fie!* einsilbig 34, 1137.

ᵛre. *assegure!* : *cure* : *je jure* 171, 2838.

ᵉve. *prueve!* : *il rueve* 230, 633.

ᵛsse. *cesse!* : *jonesce* III 33, 1097.

ᵛbte. *doubte!* : *toute* II 171, 333.

-rle. *parle!* III 34, 1114.

-rte. *conforte!* : *deporte!* : *ramorte!* : *sorte* : *je raporte* 171, 2831 bis 45.

Die übrigen Konjugationen.

2. K. *ren te!* : *entente* II 253, 236; : *jovente* III 108, 31; *enten!* *gàrde t'en!* III 37, 1231; *croy!* : *toi* III 38, 1277.

3. K. *fui!* : *hui* II 423 n. 95.

1. st. K. *fai!* : *delay* II 264, 70.

2. st. K. *may!* (met) : *may* (Mai) III 31, 1027.

3. st. K. *retien!* : *ancien* II 173, 371; : *maintien* (sbst.) III 203, 2164.

2) Mit *s*.
Die 1. Konjugation.

conseilles! : *tu traveilles* 156, 2350; *grees!* : *anees* 150, 2351.

Die übrigen Konjugationen.

2. K. *entens!* : *tu tens* II 177, 535; : *tu contens* III 57, 151.

3. K. *coevres!* : *oevres* (sbst.) III 38, 1280.

2. st. K. *descris!* : *Paris* II 340, 26; *prens!* : *tu mesprens* III 34, 1131; *fains!* : *estains* : *procains* II 297, 205.

3. st. K. *tiens!* : *riens* II 287, 85; *retiens!* : *biens* 24, 780.
avoir. *ayes*° III 37, 1222 u. 23.
estre. *soyes*° III 36, 1199.

II. Beachtenswert ist ferner die Imperativform *laissieme* M. 48, 1629, gleichfalls ohne *s.*

III. Auch für die 2. plur. imper. findet sich der Konjunktiv einmal aufser in *saciés!* : *lyés* II 145, 4884, nämlich *escrisiés!* : *prisiés* (ptc.) II 141, 4767; *escrisiés* : *veïssiés* M. 73, 2478. vgl. § 65.

6. Infinitiv.

§ 73.

Folgende Doppelformen von Infinitiven sichern die Reime:

craindre und *cremir*:

craindre : *plaindre* III 26, 877; — *cremir* : *esbahir* II 387, 18,

gire und *gesir*:

gire : *je mire* II 269, 23. M. II 70, 11704; — *jesir* : *desir* 131, 1525. M. 10, 329. M. II 125, 13615,

querre und *querir*:

requerre : *conquerre* 302, 2730; *acquerre* II 13, 403; *conquerre* : *terre* : *enquerre* : *requerre* : *acquerre* III 113, 1; — *querir* : *souvenir* II 214, 160; *acquerir* : *esjoir* III 161, 17; *conquerir* : *desir* II 387, 11; : *servir* II 410 n. 49; *requerir* : *desir* II 284, 2144. Vgl. *je renquierisse* (praes. conj.) : *permisse* (sbst.) 173, 2898,

taire und *taisir*:

taires : *debonnaires* 199, 3802; *taire* : *contraire* II 111, 3732; — *taisir* : *plaisir* 95, 285.

Ueber *secourre* und *sequeure* vgl. § 9 II 3b; über *clore* und *cloire* vgl. § 3 II; über *cognoistre* und *cognestre* vgl. § 15 II.

7. Participium Perfekti.

§ 74.

I. Zu erwähnen sind einige Participia auf *u*: *feru* : *secouru* 112, 865; : *abatu* M. 124, 4247; *ferus* : *irascus* M. 193, 6737; — *vestue* : *ajue* (sbst.) 139, 1793; : *batue* 164, 2618; — *issus* : *sus* III 232, 32; : *jus* M. 6, 179; : *plus* M. 30, 994.

II. Beachtenswert sind ferner:

repus zu *repondre*:

repuse : *rencluse* 151, 2176; *repus* : *plus* II 415 n. 68; i. V. 151, 2176. 170, 2007,

cainse zu *caindre*:

cainse : *cainse* (camisam) 263, 1487,

endlich *escluse recluse rencluse enclose forclos*:
escluse : recluse : j'accuse III 246, 1 ; *rencluse : je muse* 151, 2177;
enclose : il pose 144, 1951; *forclos : clos* (Garten) III 273, 2991.
Wegen *leu lut lit lieu* vgl. § 59, wegen *beneoit* und *benit* vgl. § 59.

Der stammhafte Wechsel des Verbums.

§ 75.

Folgende stammbetonte Formen mit zum Teil abweichenden
Bildungen mögen hier erwähnt werden:

o^1. *je veue : bleue* III 15, 463. Ueber *-eure -oure -our* vgl. § 9
II 3, a und b.

o^2. *il devore : ore* II 260, 120; *il moulle : kenoulle* 267, 1650;
il moulle : il soulle M. 104, 3568 (§ 2 I); *il console : folle* 148, 2073;
: *il soole* II 21, 699 (§ 2 II); *je lo : Juno* 101, 491; *je loe : aloe* 250,
1089; *je los : vos* II 249, 82; *il loe : roe* III 214, 25.

am. j'ame : ame II 274, 154.

a. grees (imper.) : *anees* 156, 2351; *héent : veent* 292, 2408; *tu
bées : tu devées* II 109, 3687.

e^1. *il gelle : nouvelle* 49, 1636; : *belle* II 345, 54; *il disgelle :
mamelle* II 283, 233; *il grieve : il lieve* 261, 1418, vgl. *meschief : grief*
352, 152; *je quier : herbergier* 282, 2084; : *chier : envoyer* II 146,
4924; *il quert : souffert : desset : il requert* 153, 2250—57; *il mire :
dire* II 262, 5 (§ 24 I).

e^3. *arree : paree* 183, 3262. 223, 391; *j'espoir : valoir* II 281,
140; : *noir* 130, 1486; : *victoire* III 251, 14; *il poise : courtoise* M.
184, 6425.

i. je croi : moi : soi : je recoi : je voi II 249, 95—111; *il otrie :
il prie* 121, 1184, vgl. *otri : merci* 123, 1261; *il prie : chevalerie* M.
117, 4260; *il emploie : quoie : il loie : je proie : il otroie* II 277, 37; *il
chastoie : j'estoie* 62, 319; — *il essille : il abille* 264, 1518; *il exille :
fille* II 20, 672; *j'esseil : oeil* II 372, 48 (§ 6 II).

Fälle anderer Art.

oi. il anuie : esvanuïe 106, 663. II 285, 12; *il anuit* (conj.) : *mië-
nuit* M. II 307, 19760; *il anoie : je revoie* 178, 3081 (§ 16 II); *il loie :
je voloie* 77, 829; : *quoie : je proie* II 277, 38 (§ 22 II); *il jue : nue :
mue* 139, 1788 (§ 22 I).

o^1 (e). *il courece : larghece* II 139, 4700.

el'. il traveille : il conseille 83, 1053; *il touele : candelle* 57, 133;
il toueille : resveille II 222, 63; : *je conseille* II 384, 9.

i? tu m'effrees : anees 156, 2351; *il effree : matinee* II 282, 178.
il mengue : il jue II 77, 2599.

il aiue : eue 221, 3405; *il aïe : vie* 269, 1706.

2. Nomen.

1. Deklination der Substantiva und Adjektiva.

§ 76. Der Vokativ.

Für den Vokativ steht sowohl der Nominativ als auch der Accusativ, der als neuer Nominativ gebraucht wird, cf. §§ 78, 79.

1) Nominativ.

2. Dkl. *amis* : *mis* 17, 555. 360, 420. III 9, 277. III 70, 573. M. 161,5640; : *avis* 360, 440; : *vis* 353, 182; : *pays* M. II 320, 20229; *ouvriers* : *deniers* (acc. pl.) M. II 321, 20259; *sire chiers* : *chevaliers* (nom. sg.) M. 203, 7107; *fieux* : *yeux* III 194, 1856; : *mieuls* III 253, 1; *dieus* : *vieuls* II 236, 35.
3. Dkl. *compains* : *pains* (n. sg.) M. II 305, 19708; : *certains* (n. sg.) 11, 325. M. II 349, 21215; *seur* III 19, 624; *suer* : *coer* M. II 247, 17730; *sire* : *dire* 101, 484. 134, 1622; III 69, 553. III 112, 8. III 189, 1693. III 199, 2013; III 237, 10; 359, 404. M. 23, 751. M. 113, 3868. M. 137, 4673. M. 217, 7584. M. 242, 8398. M. II 338, 29829; *sire* : *rire* M. 108, 3680; *sires* : *ires* (sbst.) 274, 1886; *sire* einsilbig III 24, 783. M. 147, 5017. M. II 357, 21480.

2) Accusativ.

2. Dkl. *frere et ami chier* : *prier* III 50, 1692; *ami chier* : *varier* III 239, 11; : *hier* M. II 92, 12475; *sire chier* : *chevalier* (acc. sg.) M. II 165, 14968; *ami* : *je di* M. 220, 7688; : *mi* (lat. me) M. II 270, 18525; *sire et dieu* : *lieu* III 24, 783; *roy* : *arroi* III 208, 2333.
3. Dkl. *seignour* : *vigour* 295, 2518; : *atour* II 327, 28; *signeur* : *onneur* M. 93, 3164; *monsigneur* : *honneur* M. 122, 4183; *menteurs* (pl.) III 43, 1442; *parjureurs* (pl.) III 43, 1443; *deceveurs* (pl.) III 43, 1443.

Deklination der Maskulina.

§ 77. Erste Deklination.

I. Der nom. sing. tritt teils mit teils noch ohne *s* auf. (*nostre* s. § 84.)

1) Ohne *s*.

pere : *mere* 99, 405. III 231, 3; *frere* einsilbig III 50, 1692; *frere* : *amere* M. II 5, 9507; : *matere* M. II 340, 20895; *mestre* : *destre* M. II 92, 12485; : *estre* II 233, 457. M. II 84, 12201. M. II 325, 20408; *pestre* : *mestre* 230, 651 (?); *fantomme* : *Romme* 165, 2661; : *somme* 176, 2997.

2) Mit *s*.

maistres : *lettres* 342, 3862; *mestres* : *genestres* M. II 125, 13617; *mestres* 30, 999; 9, 252. 241, 903. 322, 3419; *freres* : *materes* M. 218, 7612. M. II 105, 12941. M. II 272, 18588. M. II 281, 18907. M. II 309, 19830; *afaires* II 203, 304.

Dasselbe gilt vom Infinitiv. *lires* 111, 850; *taires* : *debonnaires* 199, 3802; — aber *taisir* : *à plaisir* 95, 285.

II. Der nom. plur. erscheint noch ohne s. *pere* : *je persevere* 314, 3143; *estre* : *estre* (inf.) 96, 304; *frere* : *matere* M. II 39, 10640; : *il considere* M. II 59, 11324. M. II 62 11457.

§ 78. Zweite Deklination.

I. nom. sg. *dieu* : *lieu* (acc.) III 40, 1334. III 43, 1448; *roy* : *soi* 134, 1609; *bien* : *bien* (adv.) III 25, 809; *chevalier* : *remercier* M. 74, 2529. *dieu roy bien* und *chevalier* sind wohl neue Nominative, wie die § 76 schon genannten. Vgl. Suchier Reimpr. XVII.

Hierzu kommen die Adjektiva und Participia: *chetif* : *d'estrif* III 36, 1183; *chier* : *prier* III 50, 1692; : *varier* III 239, 11; *digne* : *je disne* III 49, 1671; *plain* : *à plain* III 47, 1593; *seür* : *eür* (acc.) III 36, 1199; *cogneü* : *sceü* (n. pl.) III 51, 1714; *tel* : *hostel* (acc.) III 207, 2301; : *autel* (acc.) III 248, 9; *gentil* : *peril* M. 189, 6616; *travillant* : *tant* M. II 136, 13997.

II. Als nom. pl. mit s sind zu nennen: *ennemis* : *amis* (acc.) III 36, 1205; — *passés* : *assés* III 38, 1276; *abatus* : *vertus* III 46, 1560; *diligens* : *gens* (acc.) III 43, 1457; *tels* : *mortels* (nom. sg. msc.) M. 162, 5676. Im allgemeinen herrscht also noch die Form ohne s. *chastoi* : *toi* 11, 353; *oeil* : *je voeil* 13, 405; *rai* : *j'ai* 204, 3957; *signe* (?) : *encline* II 211, 62; — *chevalier* : *escuier* (acc. sing.) M. II 99, 12715; *messagier* : *exploitier* (inf.) M. 73, 2488; — *gentil* : *il* M. 92, 3160; M. II 199, 16132. M. II 277, 18780.

§ 79. Dritte Deklination.

I. Im nom. sing. finden sich teilweise Bildungen mit s.

1) Ohne s.

sire : *dire* 101, 484. 134, 1622; : *je desire* III 69, 553. III 189, 1693. III 199, 2013; III 112, 8; : *il tire* III 237, 10; : *souffire* 359, 404; einsilbig III 24, 783; II 311, 19; *engendre* : *prendre* II 379, 18; *mieudre* einsilbig (acc.) II 295, 122.

2) Mit s.

sires : *empires* (nom.) 30, 999; : *ires* (acc.) 274, 1886; : *mires* (nom.) 31, 1017; *sires* ° zweisilbig 342, 3863. M. 13, 435; *hòms* : *raisons* 9, 255. III 235, 1; : *buissons* : *dons* (nom.) II 207, 428. II 338, 43. M. 2, 45. M. 69, 2340. M. 173, 6050. M. II 20, 10016; *homs* : *nous dirons* M. 185, 6491. M. II 71, 11754. M. II 329, 20566; *compains* : *plains* (nom.) 360, 411; : *ains* II 250, 120; *Hectors* : *confors* 360, 413; *lierres* ° zweisilbig II 222, 62.

II. Der Obliquus vertritt den Nominativ schon sehr oft (vgl. § 76): *seignour* : *honnour* 10, 319; *seigneur* : *onneur* III 22, 724. III 28, 910. III 38, 1261; *donneur* : *onneur* III 22, 718. III 28, 915; *empereur* III 22, 701; *procureur* III 93, 5; *vanteur* III 36, 1187; *homme* : *pomme* III 31, 1013. III 33, 1081. III 42, 1408. III 47, 1548. III 194, 1866.

Dagegen noch, wie auch heute noch: *homs* einsilbig 89, 79. 102, 513 ...; *pestre* : *mestre* 230, 651.

III. Umgekehrt findet sich auch der Nominativ für den Accusativ. *sire* : *dire* 122, 1216; *pestre* : *paistre* (inf.) III 211, 17; *mieudre* einsilbig II 295, 122.

IV. Im nom. plur. treten *hommes* und *enfans* mit s auf. Vgl. auch § 76. *hommes et enfans* : *printemps* II 237, 53.

Gewöhnlich aber *homme* : *Romme* 163, 2587; *homme* : *il nomme* M. 47, 1602; *enfant* : *avant* II 323, 67; *pastour* : *plour* (acc.) II 329, 84; *signeur* : *honneur* (acc.) M. 89, 3052. M. II 175, 15311; *aucteur* : *honneur* 85, 1122; *veneour* : *signour* (acc.) 28, 931.

Deklination der Feminina.

§ 80. Zweite Deklination.

I. Die Formen mit s sind im nom. sg. noch vorherrschend. *loyautés* : *assés* : *grés* : *volentés* : *necessités* 171, 2854; *pités* : *vous portés* 69, 580; *estés* : *arrestés* (nom. sg.) M. 6, 187; *saisons* : *nous sons* 48, 1614; *raisons* : *visions* (acc.) 52, 1720; *facons* : *raisons* : *buissons* (acc.) II 207, 428; *raisons* : *alons* M. II 93, 12521; : *cancons* (acc.) M. II 95, 12587; *maisons* : *Hermons* (nom. sg.) M. II 159, 14767; *honnours* : *amours* (acc.) 88, 53; *folours* : *aillours* M. 55, 1886; *douchours* : *Amours* (acc.) M. 186, 6501; *mors* : *corps* 234, 728; — *soues* II 366, 3; *loyaus* II 366, 4; *grans* 21, 686; *preus* : *merancolieus* 284, 2157; *plaisans* : *ans* (acc. pl.) M. 7, 209; *plaisans* 49, 1639. 68, 539. 115, 969. 117, 1057. 123, 1256. 143, 1913. 182, 3203. II 366, 5; *parlans* : *tamps* II 147, 4955. II 366, 2; *jetans* : *tamps* 321, 3387; *esbatans* : *chantans* : *sacans* : *tamps* II 147, 4955; *ignorans* : *ans* (acc. pl.) M. 16, 533; *sentans* : *temps* M. II 300, 19550; *pesans* : *enfans* (acc. pl.) M. II 310, 19868; *esbanoians* : *donnans* : *puissans* (msc. nom.) II 357, 11; *joians* : *parlans* : *avenans*; : *plaisans* : *eslangans*; : *refusans* : *rians* : *sans* (plur.) II 366, 1—15.

II. Neue Nominative sind: *maison* : *raison* (acc.) 86, 1151; *raison* : *bon* (acc.) M. 208, 7276. M. 47, 1588. M. II 269, 18492. M. II 293, 19288; *entention* : *Ascention* (acc.) M. 74, 2511; *flour* : *amour* : *jour* II 198, 138; — *tel* 58, 180. 110, 804; *quel* 87, 5; *grant* 33, 1081. 143, 1912; *plaisant* : *en lisant* 96, 318. 141, 1853. II 408 n. 41; *errant* : *en escriant* 170, 2812; *poignant* : *joignant* (acc. msc.) III 50, 1700.

III. Im Accusativ des Singulars haben einige Adjective ein s. (Vgl. § 82. Motion d. Adj.) *especiaus* 315, 3193 (nicht -*ale*); *taillâns* : *vaillans* (n. sg. msc.) M. 104, 3552; *fors* : *fors* (adv.) 160, 2476; *grans* : *frans* II 232, 403; *plaisans* 113, 920. 114, 927; *ignorans* 91, 126; *ardans* 133, 1578.

§ 81. Dritte Deklination.

I. Von soror lautet der nom. sing. *suer*, *seur* und *sereur*. *seur* (vocativ) III 19, 624; *suer* : *Leander* M. II 292, 19268; *suer* : *cuer*

M. 30, 328. M. 98, 3366. M. II 106, 12949. M. II 171, 15163. M. II 291, 19236. M. II 349, 21211. M II 355, 21429; *sereur* M. II 161, 14835.

Der acc. sing. zeigt ein ähnliches Verhältnis: *serour* und *seur*, *soer*. *serour* : *jour* 276, 1940; : *errour* 277, 1988; *suer* : *cuer* M. II 296, 19410; *seur* III 9, 279. III 243, 11; *soer* : *air* 152, 2220; die beiden letzten Fälle sind Appositionen zum Accusativ.

Der Accusativ des Plurals lautet *serours*. *serours* : *amours* 318, 3269; : *flours* II 344, 11.

II. Einen Obliquus für den Nominativ zeigt *greigneur* : *seigneur* III 16, 487; einen Nominativ für den Obliquus *mendre* (minorem) : *entendre* 312, 3092.

2. Motion der Adjectiva.

§ 82.

I. Im nom. sing. erscheinen mit *e* (die Scheidung in nom. und acc. wäre eigentlich nicht nötig!): *forte* : *porte* (sbst.) M. 20, 665. M. 22, 739; *gentille* : *fille* M. II 156, 14675; *tele* 89, 66. 103, 574. III 20, 650. III 42, 1422. M. II 334, 20704; *loyelle* : *belle* 60, 230.

Zu den nun folgenden Adjectiven mit *e* vergleiche Suchier, Aucassin 1889, S. 72; Suchier, Reimpredigt XXXII; G. Paris, Alexius S. 115. Bei ihnen allen ist das *e* schon sehr alt. *grande* : *demande* (sbst.) III 104, 26. 62, 305. M. II 1, 9372; *doulce* 73, 702. 84, 1085. 103, 570. 181, 3172. III 2, 34. III 6, 171. III 44, 1477; *folle* : *rolle* II 243, 48. 47, 1569. III 37, 1221; *commune* : *il desjune* 142, 1879; : *fortune* III 113, 8. III 221, 11. M. II 238, 17425; *courtoise* : *il poise* 24, 787; : *il adoise* 107, 704; : *toise* (sbst.) 196, 3702. III 275, 3036; *dolente* : *lente* III 192, 1821. III 192, 1814. M. 42, 1400; *excellente* : *gente* II 353, 2; *presente* : *entente* 39, 1288. 60, 268. 73, 692.

II. Im Accusativ zeigen *e*: *forte* : *porte* (sbst.) 150, 2137. 171, 2837. M. II 283, 18957 (vb.); *forte* : *morte* (fm.) M. II 231, 17190; *forte* i. V. M. 36, 1221; *gentille* : *fille* M. II 175, 15319; *tele* 61, 279. 73, 716. 96, 329. 120, 1163. 149, 2104. II 381, 13. III 20, 628. III 21, 688. III 39, 130. III 42, 1399 u. 1400. M. 36, 1222. M. 46, 1553. M. 97, 3331. M. II 199, 16129; *quele* 61, 285. 77, 851. 141, 1862. III 35, 1156. M. 10, 312. M. 14, 453. M. II 135, 13964; *loyale* 47, 1578. 62, 316; *mortele* 100, 464; — *grande* 60, 259. II 306, 10. 45, 1497. M. 183, 6413. M. II 3, 9441. M. II 252, 17893; *doulce* 89, 65. 95, 297. 117, 1026. 154, 2288. 177, 3033; *fole* : *parolle* III 219, 2; *commune* III 37, 1229. III 75, 738; *courtoise* M. 215, 7500; *dolente* : *gente* 39, 1289; *excellente* : *il assente* II 382, 15. III 81, 22. 39, 1289. II 272, 84. II 278, 59; *presente* : *il assente* II 381, 13. II 272, 84. III 60, 266. III 108, 18. III 232, 15. M. II 340, 20925.

Daneben bestehen die Formen ohne *e*: *grief* 147, 2038; *tel* 7, 185. 20, 665. 38, 1254. 60, 237 u. 262. 74, 722. 96, 333. 98,

387. 164, 2596. II 340, 38. III 21, 661. II 422 n. 92. M. 3, 141.
M. 20, 649. M. II 314, 20010; *quel* 64, 403. 106, 666. M. 21, 714.
M. II 188, 15778. M. II 339, 20872; *vert* III 50, 1695; *grant* I, 1.
7, 189. 8, 244. 38, 1249 u. 64 u. 68. 54, 24. 66, 464. 67, 500. 71,
618. 79, 915. 160, 2476. 170, 2808. II 215, 179. II 304, 214. II
386, 15. M. 236, 8203. M. II 10, 9672. M. II 263, 18284; *luisant*
III 13, 382; *pesant* 82, 1025; *plaisant* 49, 1668. 117, 1036. III 6,
159; *parant* 164, 2617; *riant* II 386, 4. III 5, 139. III 11, 319.
III 28, 577; *amblant* : *samblant* (sbst.) M. 30, 1010.

Vgl. § 80, I—III.

III. Im nom. plur. zeigen *e*: *teles* : *beles* 65, 435; *queles* : *elles* II
126, 4274.

Ohne *e* sind zum Beispiel: *grans* M. 88, 3022. M. 245, 8519;
telz M. II 357, 21486; *pourfitans* M. 1, 22; *plaisans* M. II 357, 21485;
deplaisans : *enfans* (acc. pl.) M. II 298, 19486; *gentieus* : *entieus* 290,
2330; *presens* II 109, 3677.

IV. Beispiele für den acc. plur. ohne *e* sind: *tels* 2, 31. III
191, 1751. M. II 3, 9424. M. II 334, 20702; *grans* II 147, 4955.
II 357, 3. M. 1, 6. M. 33, 1112. M. 43, 1449; *deduisans* II 357, 1;
plaisans 156, 2344.

Dagegen wieder mit *e*: *fortes* : *sortes* M. II 351, 21277; *teles*
III 37, 1244; *queles* M. II 152, 14550; *douces* 91, 146.

3. Pronomen.

§ 83. Personale.

I. *moi* und *mi, toi* und *ti* und *soi* werden als betonte Formen
gebraucht:

moi : *roi* 110, 1615; : *je voi* 208, 4108; : *j'emploi* 245, 939;
: *je croi* 353, 184. II 270, 19; : *Foi* II 191, 1001. M. 46, 1572; : *quoi*
II 249, 99; : *esbanoi* II 261, 175.

mi : *j'affi* 37, 1223; : *parmi* 17, 535; : *demi* 156, 2365. III 124,
881; : *mi* (medium) 88, 47. II 7, 213; : *ami* 246, 995. 293, 2442.
315, 2199. II 3, 67. II 127, 4280. II 128, 4328. II 225, 157. III
56, 123. III 85, 2. III 123, 848. III 127, 1005. III 136, 1289. III
258, 2501. M. 41, 1370; : *merci* 359, 376; : *joli* II 254, 270; : *aussi*
II 262, 203; : *j'endormi* III 11, 335. III 53, 35; : *si* M. 54, 1852;
: *ci* M. 18, 599; *mi* (obj.) : *dormi* M. 229, 7948.

toi : *roi* 134, 1619; : *je croi* II 155, 5217. III 38, 1278; : *je
percoi* II 300, 83. III 244, 26; : *chastoi* 11, 353. 182, 3228. 270,
1754. 306, 2884. II 172, 367. III 248, 2. III 272, 2961.

ti : *ensi* 19, 630; : *je regrasci* 43, 1443; : *uni* 169, 2783; : *parti*
II 65, 2210; : *joli* II 404, n. 27.

soi : *roi* 134, 1610. M. 8, 251. M. 41, 1398; : *je percoi* 110, 817.
163, 2570. II 169, 255. III 38, 1265; : *anoi* II 73, 2492. II 155,
5223; : *je croi* II 270, 20; : *je doi* II 342, 39; : *je voi* II 294, 79;
: *doi* (digitum) II 347, 30; : *effroi* III 2, 36; : *requoi* III 228, 19;
: *arroi* M. 43, 1446.

II. Der Obliquus der 3. pers. sing. masc. lautet in der betonten Form *li*, wie der des fem.

msc. *li* : *je di* 85, 1119. M. 16, 523. M. 180, 6291; : *je supply* III 48, 1621; : *je quati* 350, 64; : *il parti* u. s. w. 362, 477. 354, 211. II 228, 283. II 347, 54; : *ali* 214, 105; : *servi* III 117, 5; : *assailli* III 275, 3037; : *failli* 8, 247; : *ami* 315, 3200. II 75, 2536; : *samedi* II 411, n. 52. II 317, 21. II 375, 5. II 392, 31. M. 10, 323. M. 13, 431. M. 30, 990. M. 76, 2592. M. 94, 3218. M. II 131, 13823. fem. *li* : *joli* 27, 887. 158, 2433. 178, 3090. II 202, 258. M. II 299, 19518; : *abelli* 105, 623. 189, 3476; : *oubli* 111, 832. 268, 1674; : *je falli* 158, 2407; : *ami* II 290, 179; : *si* II 297, 185. M. II 58, 11291. 137, 1722. II 329, 22. III 371, 15. II 386, 8. M. 19, 641. M. 21, 681.

III. Für das fem. *li* tritt auch schon *elle* ein: *vers, a, pour elle* : *demoiselle* 107, 698. 157, 2397. 163, 2561; : *belle* 111, 837. 118, 1087. 121, 1178. III 14, 425; : *estincelle* 133, 1576; : *pucelle* 120, 1162; : *nouvelle* II 271, 59.

§ 84. Possessivum.

I. Unbetonte Form.

Von *nostre vostre*, *nos vos*, *no vó* lassen sich folgende Belege anführen:

nom. sing. *nostres* (msc.) 9, 252; *vostres* (msc.) M. II 272, 18589; — *vostre* 24, 804. 69, 554. III 6, 180.

acc. sing. *nostre* 11, 327. III 10, 283; *vostre* (msc.) 46, 1536. 104, 614. M. 61, 2069. M. 68, 2323; (fem.) 24, 803. 38, 1248. M. 15, 485. M. 26, 888.

nom. sing. *nos* (msc.) 10, 291; *vos* (msc.) 69, 575. 76, 808. 79, 911. 86, 1173. 119, 1111. M. 14, 446. M. 41, 1381; — *no* (fem.) 161, 2505; *vo* (fem.) 12, 360. 57, 159. 77, 829. 208, 4100. III 24, 771. M. 20, 674. M. 26, 879.

acc. sing. *no* (msc.) 197, 3720. M. 15, 475 u. 6; *vo* (msc.) 10, 317. 37, 1244. 42, 1411. 69, 569—71. 84, 1094. M. 19, 644. M. 25, 823; — *no* (fem.) 92, 191. 171, 2836. M. 45, 1532; *vo* (fem.) 12, 361. 14, 449. 22, 710. 24, 802. 46, 1524. 58, 161. M. 9, 282 u. 95. M. 24, 805.

nom. plur. *no* 171, 2834; *vo* 84, 1105. 159, 2447.

acc. plur. *nos* 171, 2844. M. 79, 2687; *vos* 25, 824. M. 9, 285.

II. Betonte Form.

1. Betonte Formen des Singulars sind die Masculina *mien sien* und *sieu*, die Feminina *mienne sienne, moie ioie soie* und *sieue*.

mien : *engien* 141, 1844. 180, 3145. II 294, 81. II 303, 156. III 6, 180. III 91, 3. M. 213, 7424; *mienne* : *Luciienne* M. II 324, 20352; *mienne* : *sienne* M. II 4, 9463.

sien : *bien* 17, 561. 86, 1165. 116, 1004. 141, 1855. II 287, 73. II 294, 81. III 6, 173. M. 205, 7172. M. II 79, 12021; *siens* : *moiiens*

M. 36, 1214; *sienne* : *Luciïenne* M. II 356, 21453; *sienne* : *terrienne*
M. 38, 1266; *sienne* : *mienne* M. II 4, 9463.
sieu : *pensieu* 152, 223, wohl Neubildung zu fem. *sieue*.
moie : *j'amoie* 91, 129; : *je dormoie* 290, 2318; : *je voie* II 295, 124.
toie : *joie* II 299, 33.
soie : *j'oseroie* 116, 1042; : *je faisoie* 118, 1089. 180, 3154; : *j'estoie* 129, 1458.
sieue : *il esquieue* II 241, 189.

2. Im Plural findet sich *vos* neben *vostre*.
nom. sing. *li vostres* M. 63, 2146; *vostre* 75, 774. II 35, 1187. II 386, 20.
acc. sing. *vostre* 10, 317. II 189, 943.
nom. sing. *vos* : *los* II 249, 82. M. II 356, 21453.

§ 85. Demonstrativum.

I. Wie *li* für das masc. *lui*, so stehen auch *cesti* und *celi* für *cestui* und *celui*.
cesti : *vesti* 28, 909. 29, 965. II 63, 2154. II 169, 234. M. II 79, 12029. M. II 224, 16947; : *basti* 197, 3732; : *ossi* M. II 277, 18755; : *ensi* M. II 361, 21608.
celi : *joli* 15, 483. II 119, 4018. II 150, 5054. M. 70, 2400. M. 166, 5804; : *li* II 125, 4208. II 149, 5014. M. 103, 3524; : *ains* III 95, 31. M. 69, 2358; : *ami* M. II 173, 15241; : *il parti* M. 165, 5764; : *il respondi* M. 243, 8450.
II. Auch für das fem. verwendet der Dichter *celi* neben *celle*, aber nicht *cesti* für *ceste*.
celi : *il feri* 37, 1228; : *joli* 341, 3834. M. II 77, 11972. M. II 137, 14007.
celle : *querelle* II 271, 53; : *belle* II 283, 225; : *pucelle* III 195, 1902. M. 7, 219; : *il appelle* M. 91, 3102. M. II 134, 13927.
ceste : *requeste* 150, 2151. 196, 3704; : *feste* M. 236, 8202. M. II 223, 16917. M. 49, 1661.
III. Neben *cils* findet sich als Nominativ Sing. auch *cieuls*, vgl. § 39.
cils : *ravis* II 82, 2766; : *perils* M. 29, 962. M. II 91, 12447; : *escris* M. II 69, 11680; : *mercis* M. II 234, 17294. M. II 244, 17644; : *gentils* M. 219, 7640; i. V. 58, 168. 64, 392. 72, 674. 118, 1077.
cieuls : *ieus* 225, 477; : *mieuls* II 312, 9.

§ 86. Relativum.

Der Accusativ in Bezug auf Personen lautet wohl noch *qui*, nicht *ki*.
qui : *sui* : *anui* : *poursievi* 350, 88; *qui* : *hui* M. II 34, 10484. M. II 35, 10530.
Dagegen *qui* (nom. plur.) : *resjoï* II 386, 26.

§ 87.   Interrogativum.

Auch hier scheint *ki* im Accusativ noch nicht für *qui* eingetreten zu sein.

qui : *anui* 148, 2084; : *hui* M. II 161, 14821.

§ 88.   Indefinitum.

Im Gegensatz zu *li celi cesti* lauten die Accusative masc. sing. zu *nuls* und *autre nului* und *autrui*.

nullui : *je fui* 44, 1468; : *refui* 207, 4073; : *je sui* II 108, 3644. *autrui* : *je sui* 57, 155. II 108, 3644; : *anui* 148, 2087; : *refui* 207, 4085; *huy* III 261, 2603.

3. Adverb.

§ 89.   *u*.

u statt *ou* lat. *ubi* sichern die Reime.

u : *avenu* 51, 1688; : *il fu* 113, 925. II 99, 3354. II 243, 257. II 389, 3; : *perdu* II 411, n. 54; : *apparu* III 83, 19. M. II 68, 11648.

Es sei noch bemerkt, dafs die Abhandlung in die Zeitschr. f. rom. Phil., Band XXIII, aufgenommen worden ist.

INHALTSVERZEICHNIS.

I. Lautlehre.

VITA.

Natus sum Gustavus Mann in vico Marchico cui nomen Krebsjauche est ante diem VIII. Id. Febr. h. s. anni LXXII patre Friderico quem adhuc superstitem esse gaudeo, matre Ludovica e gente Krueger ante XVI annos morte praematura mihi erepta. Fidei addictus sum evangelicae. Litterarum elementis in scholis publicis imbutus gymnasium reale Francofurti ad Viadrum siti frequentavi. Maturitatis testimonio instructus ineunte vere anni h. s. XCIII in almam litterarum Academiam Berolinensem receptus sum. Cuius civis cum per unum annum fuissem scholisque virorum clarissimorum E. Curtius, Delbrueck, Ermann, Grimm, v. Gizycki, Paulsen, E. Schmidt, v. Treitschke, Tobler, Zupitza interfuissem, Marburgum Cattorum me contuli, ubi per duo semestria scholis virorum doctissimorum Koester, Natorp, Ed. Schroeder, Stengel, Vietor interearn. Deinde cum Halas Saxonum petivissem, ibi scholas virorum illustrissimorum Burdach, B. Erdmann, Strauch, Suchier, Vaihinger, Albr. Wagner per quattuor semestria frequentavi.

Benevolentia Conradi Burdach et Philippi Strauch et Albrechti Wagner et Hermanni Suchier mihi contigit, ut per quattuor semestria seminariorum Theodisci et Anglici et Romanici sodalis essem itemque Johannis Vaihinger, qua erat humanitate, factum est, ut seminarii philosophici socius essem.

Quibus omnibus viris, imprimis Hermanno Suchier, optime de me meritis gratias ago quam maximas.